中国民宿
生活美学系列图书

繁华不远，乡愁很近

云沧海——著

中国旅游出版社

序言

把乡村小院造成诗的云沧海

范小青

想写一写云沧海，因为一间名为“云沧海”的诗情画意的湖岸民宿，也因为这个叫云沧海的女子。人生不易，她把不易的日子也过成了诗。

张小燕，笔名云沧海，有点儿天高海阔的武侠意境，人却长得眉目清浅、温静斯文。之前听闻她是在经商，理应是个干练精明、风风火火的商贾样子。但不，实际上她弱弱的，有点儿像古代女子走在花丛中的意思，举手投足间带着自然而然的文艺范儿。她写作，十年前就出过长篇小说，但好像不是很勤奋。爱好太多，对世界似乎充满了好奇。玩摄影、玩收藏、玩写字画画，还做手工，却是个典型的文艺青年。

云沧海民宿是个网红民宿，常看到朋友圈有人晒美图美文。这民宿出自她手，并不意外。她的文艺和折腾需要以这样的方式抽象结合、具象落地，理所当然。

此前她经商，做过商贸、医药、传媒、小型商业地产，自言只为谋生，并非自己喜欢。后来，她在家乡洪泽湖畔的老镇上做了一间小

民宿，很多东西都是她披头散发亲力亲为做出来的，虽赢利艰难，但她自述，终于找到了喜欢的生活方式。湖边造个小院子，扫花吃茶一辈子，听起来真的很美。

小燕是个有趣的人，做什么像什么。曾有评论家撰文评小燕的文字，标题为“信手拈来皆是花”，说她的才气是用来气人的。如今在民宿里看她的手工木石作品妙韵横生，才是真的信手拈来皆意趣。

文学的珠玉在她的小院俯首可拾。七个小院像湖畔的绰约女子，韵致各个不同。每个小院、每间小屋都有一个诗意的名字，静荷、竹里、禅心、炊烟、翠微、沉香、星辰、闲云、明月、兰亭，躲在里间的叫小隐庐，乡村小院处处可闻文字的香气。院里屋中的字画皆与屋名应景，装饰摆件大多是她独一无二的手工作品，也有一些是她从世界各地搜罗的工艺品。小燕的民宿是用心雕琢的作品，真的令人一见倾心。

我想，云沧海民宿的最大意义在于，她给废弃的苏北三间大瓦房提供了一个有借鉴价值、可以复制的改造模板。我们的乡村要振兴，需要这样的引领者。乡村振兴，不仅是建筑的升级、环境的美化，文化的提升也尤为重要。这个处处文艺气息的小民宿，用回归自然的理念、现代化手段所带来的舒适体验，营造了一个美好的乡村田居模板。听说云沧海民宿来访者云集、名人络绎。

小燕说，灵魂的居所在乡下。欣喜于作家小燕能够用文字记录，在美丽乡村建设进程中，点滴实操经验；感动于工匠小燕的文艺情怀真正融入了平凡生活；也给乡村建设者小燕点个赞，因她用精美图文给苏北民居改造提供了一本实实在在的图文并茂的散文集、工具书。

希望能看到她的云沧海民宿，像花朵一样，在更广阔的美丽乡村的土地上盛放。

2022.3.6

云沧海的油菜花开成了海

自序

此心安处 就是家乡

序言的标题，是我为云沧海民宿写的民谣《云沧海的小时光》中的一句歌词，恰如其分地表达了我的心情。所有的梦，依然无恙，此心安处，就是家乡。

人到中年，眼神因世俗蒙尘，不那么炯炯清亮了；情怀尚未泯，偶发“吟到恩仇心事涌，江湖侠骨恐无多”的唏嘘；心有桃花源，却常是“已惯浮云遮望眼，懒将废物换新颜”了。

抛开红尘琐碎，撸起袖子，亲力亲为，将一堆破败不堪的废墟，改造成现在这个湖畔的小小伊甸，我是被合伙人澳籍华人 Jack 大叔游说感召，投入这个轰轰烈烈的乡村小工程中的。

然后，自力更生，梦想成真。

第一间云沧海民宿在滨湖小镇“蒋坝”诞生，淑女云沧海蜕变成了一个民间木石手作匠人；而湖岸老街的一堆残垣，开垦出小小一隅隐逸田居；坐在石板路两边发呆的老人们，每看见我，眼角的皱纹就变成了花朵。

蔓草颓墙外，赏心乐事谁家院；断壁残垣间，姹紫嫣红开遍，一

间叫云沧海的小民宿，满身诗情画意，依依伫立在蒋坝老街北头。

湖水如沧海，彩云绕夕阳。你可曾听说，这样一个旖旎秀美的湖畔小镇吗？它叫蒋坝。

在大湖边上，有几间砖房，枕畔书半掩，锅里粥尚温，这个雅静闲适的民宿，以我的笔名“云沧海”命名，恰巧，相邻的观湖打卡点，叫“观沧海”。

这本笔记，集结了我的个人公众号“云沧海的小时光”中的一些图文，记录了从发现这个废墟起，改造、建设、装扮的一点一滴。行文略显粗糙，图片也因很多是手机拍摄，不够专业，但，它记录了云沧海民宿从无到有的发心、诞生、成长的物理过程和心路历程。

这本书，于我个人而言，是一段珍贵回忆；于团队而言，是一个难忘的工作纪念；于许许多多即将或正在改造中的乡村民居而言，它或能提供一本可供参考、可堪借鉴的工具书。

仍套用从前出书时的作者简介，业余作家云沧海，半生思考，尚未确定人生主业。但是，作为业余手工匠人的云沧海，终于找到了一件乐此不疲的事情——做美丽乡村的原乡人，倾心打造出更美好的心灵居所。

那是，属于归人的梦里乡关，属于行人的诗和远方。

水映霞光，渔歌晚唱，一杯清茶，慢下时光。

田园正好，风清月朗，让我来此，小小流浪。

以歌词的意象，再次抒发，我对这片土地的款款深情。

希望云沧海民宿能延伸出一个美好的品牌，在美丽乡村建设的进程中，成为一枚有个性的标点符号；也祈愿我们的诗酒田园之梦，能在苏北大平原上开新花、结硕果；更祝福乡村振兴的春风吹绿家乡的大湖两岸，吹燃壮美的华夏沃野。

2022.3.28

禅心居小院的静好时光

菜花满畦

目 录
Contents

第一章
云闲沧海醉

第二章
七个小院的前世今生

第四章
笨手拙工偶得之

闲云庭外蔷薇开

第一章 云闲沧海醉

云闲沧海醉　雨霁小荷香
风摇竹影动　月照古堰长
诗酒田园的梦
在长堤一隅
种菜采莲　煮茶听风
捡诗拾云　撸猫弹琴
只需一个湖边的小院子　足矣

想有个小院子

扫花吃茶一辈子

每个中年人的心里都藏着一个田园梦，声声唤伊不如归去。

这个田园梦里，山映斜阳，云舞阡陌，月色横波，湖漾莲舟。在大自然的和声里吟诗抚琴作画，品酒宴乐赏花。

不用争分夺秒狂奔打卡，不用喊着鸡汤口号熬到凌晨鸡叫，不用打着酒嗝儿虚情假意满嘴跑火车，也完全没有城里的套路和被套路。

梦想着碧野朱桥，田园正好，留住少年情怀，不负韶华流光。

半生匆匆已虚掷，恰恰好地做着这个田园梦。梦中有陇亩纵横，桃林缤纷；有绿竹入幽径，有青萝拂行衣，而这梦里的重点，必须有一个小院落。

那是我想要的乡间小院子，在大湖边上，有几间砖房，枕几册闲书，存几担余粮，高兴时就海吃痴睡，浑不管今夕何夕。

竹里小院

猫眼看闲花

闲坐小庭无杂尘

一直就想有个小院子，把世人蝇营狗苟的狗血套路，全都忘记；让隔夜的爱恨情仇纠缠不休，通通休矣；让咱从来算不清楚的那些心机算计，统统抛去！

且让我在“竹里小院”独坐幽篁。弹琴我不会，长啸技能相当擅长，通俗地说，就是扯起破嗓子鬼叫唤！

此时，任你熊叫狼嚎，庭深人不知，唯星河耿耿，一轮明月来相照。

想有个小院子，夜里，我披衣独卧阑干。就当世事一场大梦，不管人生几度秋凉。

我且长歌，哼哼吟松风，曲尽，看河星西沉。

陪着你，共醉此间，傻傻乐呵，一霎陶陶，浑然忘机。

想有个小院子，一把竹笤帚，春暮扫花，冬日扫雪；两把紫砂壶，明前碧螺，秋后普洱；榆木案上，闲来抄抄心经；葫芦架下，胡乱涂几笔鸦。

有没有谁陪我虚度光阴，都甚好。

想有个小院子，坐在中庭的木桌上看看杂书，写写小文，一边思考，一边假意听妈妈在一旁有一搭没一搭说那些早已听过千百遍的旧事，在情节转场的时分，照例很配合地表示惊讶和感慨，照例很好奇地问一句：然后呢？

想有个小院子，青砖砌就的大灶，柴火哔哔剥剥地燃着，炉膛边两只烤红薯的香味溢满了院子。铁锅里小鱼贴的面饼热气腾腾，我站在大灶边上，等着香软甜脆的饼子出锅，像小时候过年，站在灶台前等候。

那是我暖烘烘的、剪不断理还乱的乡愁啊！

想有个小院子，竹编簸箕里晾着新挖的花生还浸润着泥土的香气；槐树花腌在蜂蜜罐子里滋生甜蜜；厨房的大婶生炝的马齿苋像清晨的露水那般清新爽口；新摘的茄子切条清蒸入口即化；鲜藕过油煎出的藕饼金灿灿脆生生……

光是想想，已然醉了。

这七个小院，正是在上述中心思想的指引下应梦而生的。

而云沧海是这七个湖畔小院的名字，也是我用了很多年的笔名。

从此继续熬夜码字、涂鸦砖墙、赶集淘旧货，扛着大相机拍照记

小庭菜花香

录乡间风物。云沧海，出道即癫疯，真人晒成狗。

路过看见草堆中脏不拉叽的枯树根，自己徒手从湖边死拖活拽着回小院子，奋力将其捯饬齐整，再刷一层木蜡油，炮制成院子拐角的禅心摆件。

上有老下有小，宝刀尚无资格老。

话说江湖多歧路，刀就是我，我就是刀。

幻想此刀多功能，既可割草挖地挖树根，又能剁柴切菜砍豺狼。

且行且劳动，作为一名内心拒绝油腻的中年文艺妇女，且余着这一小片澄明锋芒，聊以对抗充斥琐碎现实的一地鸡毛；也凭借着这一丝清净的凛冽，在这诡谲善变的世界上，尽量从容过生活。

对生活被动地自我总结，一如鸡零狗碎的烦心琐务，一开口就刹不住跑偏的节奏。其实，我的浪漫初心，只是想表达在这庸碌的红尘

1
2 | 3

1. 蔷薇几度花
2. 枯木有灵犀
3. 破罐生新芽

且看小庭春暮

中，我想拥有一个繁花满蹊的小院子，细看水清鱼读月，聆听山静鸟谈天。

然后引入正题，显摆显摆我的劳动成果，面朝大湖、春暖花开的云沧海民宿，那七个植入了我朴素的入世理想、承载着我风雅的出世情怀，在垃圾堆上整理修缮出来的农家小庭院。

云沧海的七个小院，禅心、静荷、竹里、明月、兰亭、炊烟以及前台闲云小院，还有禅心居中的星辰小筑、星栖小屋，炊烟小圃里的沉香、翠微小屋，藏在兰亭小楼里的小隐庐，阳光小屋环绕的小桥流水，魁星亭中的石桌棋盘，都是我的心之月处。

这些个小院里，湖边捡来的枯木、湖石俯拾皆是，那些全是我DIY的素材，而那化腐朽为禅意的小小枯山水，原木原石的原生意境，有没有被我的笨手拙脚，炮制出些许灵气？

花间留晚照

朽木可雕，巧思盈院，斯时斯境，云胡不喜？

每个小院子，都蕴藏着我们这群生于乡野、迷失在城市的赶路人半生的乡愁。

在此，可以闲看花开花落，不问云卷云舒。就算数钱数不到手抽筋，也能一觉睡到自然醒。醒来日上三竿，肆意嬉狗撵鸡。

真好！

在此，可以忘记世事洞明皆学问，摒弃人情练达即文章。找回本源的赤子之心，做回那个懵懂纯粹的稚子。满满正能量地对天吆喝，管你的明月照沟渠。

在此，嚼一嚼小园里自己种的菜根儿，闻一闻小盆中新开的茉莉花儿，尝一尝自酿的葡萄酒，品一品好友刚送来的古树生普。户庭无杂尘，心中生欢喜。

阳光小屋边上的小池中种了几株荷花，荷秆儿纤纤蹿得很高，荷叶田田随风起舞，甚是清隽曼妙。

那天清早的晨曦里遽尔初放，像皎白的梦幻一样，盛开在安静的小院里，我竟看得呆了。

晚上，她悄悄地合上了一瓣瓣的月牙儿，成了一朵最含蓄最安静的小荷。

一抹相思醉，欲说却还休……

如同这缕乡愁，不知所起，一往而深。

沉香小庭看闲书

叨叨许久，啥也别说了，拿起小笤帚，扫扫小院的落花落叶去喽，若是扫到阶下桂花，可以用蜂蜜腌起来泡桂花茶，可以包桂花包子，也可以晒干了缝成桂花枕头。

枕着桂花儿，今夜的梦，都是香的……

对，就是我，云沧海姐姐。我想有个小院子，扫花吃茶一辈子。似乎，梦想已触手可及……

迷途未远，今是昨非，田园已近，胡不归？

胡不归？堤上野花嫣粉遍野，可缓缓归矣！

以后，或许，我只是，想有个小院子。

写诗看书，扫花吃茶。

余生安静老去。

归去来兮

蔷薇花开胡不归

远行数日，琐事繁杂，泛起诸多感慨。忽然想起王维那句“白首相知犹按剑，朱门先达笑弹冠”。有感，人情冷暖，似翻覆波澜。在利益面前，我们曾经坚持并一直在坚守的简单正义，有时，仿佛成了奢侈品。

归去来兮，城市套路深，智商不太够，咱且回农村去吧。

归去湖边，我念兹在兹的小院子。

油菜花刚刚在一场春雨后隐去了醉人的明黄，热闹的蔷薇已爬上了老砖墙，翻过了竹篱笆，越过了小亭子。玫红绛紫嫣粉浅黄净白，一朵朵一串串一丛丛，花朵明艳，枝叶葳蕤，染醉了云沧海。

云沧海民宿前台斑驳的青砖被热闹的花朵儿扮靓成一面花墙，蒙尘多年的青砖已被繁花绿篱拥抱，绽放出三生三世的绚丽，也成了踏春人竞相自拍的打卡点。

不问世事久，蔷薇几度花？其实，这株花儿是去

一窗暖阳花尽开

湖畔过尽千帆
相遇一
天涯不再遥
海*重

云沧海里花倾城

本是乡间种花人

年春天我在网上随意淘得，今天就开放得这么沸沸扬扬，肆无忌惮。期待我们的梦想，都如这明媚的花儿一样，执着而绚丽地怒放在阳光下。

五一小长假匆匆，春天倏忽将暮。有谁知春去处，唤取归来同住？江湖路远，行道蹉跎，与往事和解，亦是对岁月的成全，而那只去年在小院唱歌的小鸟儿，是否，正因风飞过蔷薇？

尹子唱《云沧海的小时光》，我写的第一句歌词：月季满墙，一路芬芳，油菜花染醉了小窗。甫一开腔，便似听到满蹊花儿绽放的清香。

年少时不明白萨松那句“心有猛虎，细嗅蔷薇”是啥意思，只觉得拗口得很。到了“中年听雨客舟中”的而今，渐渐有些明白了。

少年壮志总想着仗剑走马高歌天涯，如今，可以停一停，让步伐慢下来，可以竹杖芒鞋，吟啸且徐行，可以行走花间，听听穿林打叶声，路过我繁花压枝低的小院墙，闻一闻，那仿佛沁入了任督二脉的蔷薇花香。

竹里影动微风起，一架蔷薇满院香。

王维先生的那首诗，下半阕我且改一改吧，表达一下主观意愿。只想逃离这诡谲善变的尘俗，小隐于云沧海的小筑繁花里，静坐发呆，听鸡鸣狗吠，看花满小庭。向晚，请厨房大姐贴一锅小鱼贴饼，凉拌一盘莴笋，蘸着夕阳，小酌芡实粥半碗。

尘梦几经雨打湿，
蔷薇初舞风犹寒。
世事浮云何足问，
不如高卧且加餐。

来来来，再添一碗花瓣粥吧！

闲为水竹云霞主

静听风花雪月声

冬日的洪泽湖，别有一种素净质朴的美。

千里冰封，大湖雪舞，风吹樯动，云落满舟。

你可曾听说过洪泽湖？中国四大淡水湖之一，湖底水位悬在一座小城上空，俯瞰像一只天鹅振羽飞翔的湖泊。黄河与淮河相互激情裹挟，交集又奔突，诞生了这个貌似悬在里下河塔尖的悬湖。

在我的故乡小城洪泽，有一个叫蒋坝的小镇，就依偎在这湖的最美三公里处。而云沧海民宿，像一片静美的叶子，静卧在蒋坝老街北头。

气温渐有些回暖，寒风也渐渐柔和起来，这时候，你可以来洪泽湖边走走了吧，和那个心意相通的人儿，或是，可以相视无言的知己，抑或，只是一个途中偶尔邂逅的旅伴。

虽有些冷，却在天地寥廓之间，会心一笑，冷出些别样的欢喜。

风起霞飞花乱舞

生活如若饮水，冷暖只能独自品；大湖得见胸怀，何处不是水云间？

大湖边上，几间砖房，水如沧海，云绕夕阳。

你可曾听说，有个七间小院、枕湖听涛的民宿，叫云沧海？

云沧海静默于古堰一隅，若佳人幽居于兰谷。谷中，菜园日涉以成趣，柴门虽设却常开。等待那个恰恰好的人，踏着斜阳归来。

若有所念人，不用再隔远远乡，有所感事，无须结在深深肠，古诗中的千般瞻望，万种思量，剪不断，理还乱，别是多番滋味，在心头。且一起驻足，放下行囊。纷飞的思绪，久远的乡愁，驿动的心境，萌发的诗情，似乎都能在此安好无恙。

面朝大湖，寒风挡不住脉脉温情的云沧海民宿，等着好久不见的

竹里小院瑞雪飞

你，一起，煮一壶普洱茶，聆听岁月暖暖的歌吟。

我们一起，在火红圣诞花的拥簇中，燃起红泥小火炉；

一起在蜡梅花的馥郁清芬里，煮一壶金桂姜枣红茶；

一起在斜晖脉脉水悠悠的洪泽湖畔，品一杯酽酽的云沧海红酒；

在微醺的眼波里，庆幸这一次，与你遇见。

在这短暂而漫长的时光里，每一次曾经，都是此刻；

在这善变又不变的世界上，每一次重逢，都是初见。

启程吗？启程吧！亲，我一直，在牵挂你。

等你与我共赏烟霞，小径扫花，相视莞尔，隔着袅袅茶烟，无须多余言语；

等你和我共立斜阳，共剪西窗，回看前尘，忍把功利浮名，换了一襟霜华；

且饮半壶秋

等你陪我今晚月光下，省却红尘寒暄客套，腊梅香里，一隅浅酌，一阕闲词，一曲低唱，唱尽了浮世嗟呀……

浮生有闲，与我一起，倚南窗以观绿，抚孤木而怡颜。在这小小田园，闲为水竹云霞主。

三径未荒，松菊犹香，飞花有意，诗心共舞。今晚，与你枕大湖

竹里半窗梦蔷薇

烟水，侧耳，静听风花雪月声。

何如？

云沧海的油菜花开成了海，你还不来？

冬雪方融，春蕾初绽，春林新绿，春意染衣。

眼看着云沧海菜园子的青菜像竹笋一样拔节，桃红柳绿在堤岸边上喧嚣着铺陈开来。

凛冽的湖风和煦了，一阵阵暖意微醺扑面。

舟摇摇轻飏，风飘飘吹衣……哦，这是春染洪泽湖的节奏了吧？

出差数日归来，心心念念着这群湖边的小院落。驱车沿着湖堤缓行，悠悠的暖风溢进车窗里，像情人的小手，酥酥地抚着脸庞，温温地浸润肤发。

甫一停车，遍地金灿灿黄澄澄的油菜花，肆意招摇，满目烁金。

这浓郁的、微苦的杏仁味的菜花香，盈盈地沁入心脾，澎湃了我的呼吸。

而这随性奔放的大片明黄色彩，间杂着遍野新绿，背倚民宿的老红砖墙和云沧海特有的沧海蔚蓝色，有如一幅

春染禅心

梵高的油画，浓墨重彩，美到让人心疼。

踏上古堰，方至村口，已然醉了。

小窗外，惠风和畅，油菜花染醉了窗台。几盆小多肉也晒得肥嘟嘟的，显得清新娇媚。

原木小轩窗前，翻开一本闲书，书中自有天光云影徘徊；自有一亩方塘半亩田；还有纯净的桃花清流；有菜花香气袅袅，萦绕着屋后的炊烟……

在这书页的浅浅墨香里，你能否读懂，一个小小田园里的春光无限。

青砖铺就的“遇见小巷”，菜花参差，挤着地儿开放，灿灿地在墙隙间妖娆着、蔓延着。似乎在等待，花香里的一霎遇见，唤醒一个

油菜花染醉了小窗

小巷的春天。

竹里庭前的一畦畦菜花儿，行人路过，纷纷拈花拍照，花粉脉脉地染上了衣裙……花气袭人知骤暖，竹里光阴不须归。

每一个小院，推开柴扉，花香就撒着野、撒着欢、撒着娇，扑面而来，明黄温暖着视线，花香芬芳了呼吸，有如娇嗔的小丫头，自顾自地唱着她找不着调的小歌谣，没有章法，就那么好听，好听得胜过全世界的小情歌。

春回云沧海，蜂儿蝶儿小虫儿都纷至沓来了。亲，你呢？还要在碌碌红尘中纠结徘徊？我理解你的身不由己，俗世的劳碌奔波，总是停不下来。

可暂时，你可以卸下行囊，在云沧海的小院子里，把今世那个小

黄花添香可读书

小的田园梦，妥妥安放。

时光过隙，你再回来，看从前那些梦想，是否，依然无恙？

曾经，有梦何惧天涯；后来，与梦远隔天涯。

田园未芜，胡不归？

看，云沧海的油菜花已经开成了海。

你，还不来？

云沧海阳光小屋

雪意里一角晴空

洪泽湖昨夜落雪，亲，你是不是正在白雪皑皑中独自漫步？或者和你心爱的人儿携手，踏雪前行，回首时，雪野里印下了你们相思的足印？

每次下雪都想写诗，想咏一阕千古绝唱，前后都无古人来者的那种。最终，也只是忍着冰冻，挣扎着扔几个雪团子而已。

我相信，无论是怎样的造型，你们也一样，一定冻成了，一条鼻涕狗……

啥也别说了，哆哆哆……

而这个下午，云沧海的阳光玻璃小屋，有如一座小小的梦幻水晶城堡。我安静地坐在榆木茶桌边，一边看雪舞，一边听着温暖的小情歌，一边用玻璃茶炉，煮一壶小青柑熟洱，一边散漫地做着可有可无的手工活。

地暖的热雾在足下氤氲，暖暖的温度，暖暖的茶烟，暖暖的心事，怎一个惬意了得！

阳光小屋一角

亲，让我们一起脑补一下画面……落地窗外雪花儿飘飘，北风儿萧萧，耳边传来大湖涛声滔滔两岸潮，被积雪覆盖的青石板古街巷，偶有幽人独往来，两鬓挂着冰凌，踏出一行冰封的脚印，有若缥缈流风、惊鸿雪爪。寒江孤影、江湖故人……就问你冷不冷吧？

雪意里一隅晴空

雅趣小景

而此时，咱正在阳光小屋的暖意里，被热雾环抱，隔离在冰天雪地之外。

纯净如梦的雪意被你的视觉和心情悉数收藏，而这蔚蓝色彩的阳光小屋，在雪意里给你构画出一角朗朗晴空。

这片晴空，在千年古堰之旁，若烟树重重，若大泽泱泱，若云山浩浩。

温暖的水晶小屋里，一盏热普洱泛着红酒的色泽；抑或，一杯现磨的摩卡咖啡弥漫浓浓醇香，暖暖的你，会心一笑；翻开一册闲书，倒流香的沉香气味，云腾雾绕……

身边有笑意嫣嫣，有茶香袅袅，有斯世可以同怀的知己，你抬头笑问一句，晚来天欲雪，能饮一杯无？

雪天客来茶当酒，竹炉汤沸火初红。

云沧海民宿的这间阳光小屋，将这大湖冬雪中浮生半日最美好的想象变成了现实版。

也是在这里，云沧海姐姐躲开了严寒，无双巧手也避免冻成红肿的肥萝卜，借以保留住一点点小工匠精神。看看，伊拿着一大盒木胶、玻璃胶、502 胶和一把小钢锯，还有小抛光机、美工刀片，把这几天捡的破树杈、烂木头、石头块，继续炮制成颇具禅意的根石作品。

不能不说，在民宿建设过程中，云沧海姐姐深度发掘了自己的创意潜能、奇巧匠心和动手能力。（根本挡不住的严重自我夸赞）

顺便，来个布置阳光小屋的手工作品秀。准备择日对这些艺术珍品开一场主题拍卖会。起拍价五百万……每件……行……吗……

树根底座是大灶捡的废柴

阳光房角落里有一棵风化木千佛树。那是从野地里拖回来的一棵枯树根，先做了一个底盘固定，撒一把白沙，然后，在那些天然的小树洞里安置各种陶瓷小佛像，就成了传说中的千佛树了。有没有一点点神似敦煌的洞窟呢？依千岩百壑星罗棋布，萌萌的微型小佛像在树洞里坐关。希望这棵宝树能在云沧海民宿中，一直沐浴艳阳的恩泽。

阳光小屋里装了一个大屏电视。平时小聚 Party，开个小会议，讲 PPT，偶尔 K 歌，氛围相当不错哟！

闲来无事，你可以浅酌半盏，说道空谈；也可沧海论剑，谈笑鸿儒；也可捧着爆米花，和她一起看一部无聊的电影，如何？真心还不错吧！

这两个沙弥表情怪异，我们把作品命名为“关你屁事”和“关我屁事”
猜一猜，谁是谁？

阳光里，结庐在人境，暖意沁心脾；
水晶屋，等一霎好风，守一帘幽梦；
风雅处，洗砚鱼吞墨，烹茶鹤避烟；
休憩时，闲居云沧海，心远地自偏。

管他欲渡黄河冰塞川，管他将登太行雪满山，我只坚守好，阳光小屋里，这一隅小小天地。

你且多歧路，你且行道难，你且拔剑四顾心茫然，我只管，暖暖和和，乐乐呵呵，守着阳光小屋，此心到处悠然。

人生至此，误落尘网又何妨？

无须再问来处归处。

漫天飞雪，沧海桑田，阳光小屋里的这一瞬间，你是否觉得，似乎，也并无他求。

一杯茶，慢下时光

壶中的绿意盎然

每个旧房子
都是一首诗

最近在整理云沧海民宿的日常笔记，做成彩色图文集，想把这两年余，在洪泽湖畔蒋坝小镇，老街北头的断瓦残垣之上，改造、建设、整理、装扮这个小小民宿的过程，记录成书，以资纪念这持续近一千日的倾心倾注。

明代陈老莲某日醉卧西湖边，给朋友沈颢绘《隐居十六观》图册，美图美文绘制了高士隐逸于山林田园之间的十六个完美画面。访庄、酿桃、浇书、醒石、喷墨、味象、漱句、杖菊、浣砚、寒沽、问月、谱泉、囊幽、孤往、缥香、品梵。各种高端隐逸造型，配以高士的出尘情怀、梵悟诗心，堪称归隐高光十六记，让呆坐洪泽湖边的我，不由得缓立远视，心向往之。

在冥想的世界中，我也想东施效颦一番，找庄子重复“子非鱼，安知鱼之乐”的千古名问，也学着花间抚琴，卧石梵想，寒庐煮酒，溪头烹茶，把这归隐十六式一招一式、像模像样地演绎一番。

废墟改成的餐厅

我还想，拙笔涂鸦一幅小画画。画面中，一荆钗麻裙的闲适女子，小隐于云沧海的瓦舍湖田、小圃炊烟间。只见她，锯树根作摆件，画庭花以怡颜，燃大灶贴面饼，题歪诗于墙头。

此画面，命名为小隐之第十七观。

陈洪绶的隐居十六式，风雅出尘，规避乱世，以隐者的身份，在山野溪边，开启隐逸之门。

而云沧海的小隐第十七式，却是在唤醒沉寂乡村的春风里，怀揣拙稚憨真的赤子之心，躲开尘嚣，怡然畅然，欣然入世……

云沧海，小隐于寻常村镇，既可采菊东篱，又可逗狗撵鸡。

既可共夕阳梵唱，亦可哼哼乡间老淮剧。

既可诗情中酿一坛桃花醉，也可任性一瓶二锅头醉倒老街北头。

云沧海民宿讲究的，是一颗旷达率真的欢喜心。

江湖一夜雨，闲坐小阁楼
红尘耽搁久，且饮半壶秋

彩蝶翩翩

小隐于云沧海，每个旧房子，都是一首诗，记录着已经溜走的旧时光，和伴随着大湖黎明的第一缕晨曦，一起涌动的活力与诗情。

经常会有一些句子，从脑海中涌出，有时记得，就即兴涂上墙。这里是乡下，不会要求你用涂料把诗情画意全刷成千篇一律空洞的石灰白。

古时的人们更随性，于是有了“题西林壁”“书友人屋壁”，有了“故人西辞黄鹤楼”，有了“凤凰台上凤凰游”，有了陆游唐婉的错错错莫莫莫，留下了才子佳人千载诸多传说。

乡野村间，涂鸦自由，于是云沧海姐姐也能涂下这些闲散句子，便有了云沧海民宿的这些自拍打卡点。

每个小院子，都是一首诗。在寂静的岁月旷野里，轻轻叩响了隐逸的柴扉。

非为大隐者，只做不羁人，呆坐云沧海，小酌忘红尘。

这首打油诗被画在一块破木板上。

云闲沧海醉，雨霁小荷香，风摇竹影动，月照古堰长。

这首诗被做成射灯，投影在云沧海入口的老砖墙上。

我觉得，房子有了故事，就成了某种情感的具象载体，比如西厢记、牡丹亭、明月楼、桃花庵；房子有了自己的诗歌，就成了有灵魂的房子，比如醉翁亭、岳阳楼、滕王阁。所以，每个旧房子，有专属的诗歌，就成了有温度、有灵魂、有记忆、有情感的建筑。

王维说："世事浮云何足问，不如高卧且加餐。"蒋坝老街夜间静谧，高卧无妨，可是加餐，容易胖啊。

所以云沧海诗曰：心无挂碍天地静，坐读诗书即半仙，常捧大碗嚼碧叶，偶思小酌伴花眠。你看，这境界多好，呆坐，翻书，品尝田间新摘的绿色蔬菜，伴知己一二，喝上半壶小酒，胡侃些不着边际的人间八卦，减肥养生，还相当省钱。

旧房子里，有我的乡间清平乐，有我的浮生小欢娱。关键是，举

黑锅灰变墙绘

黑烟囱画青藤

头星河耿耿，低头蛙声一片，东看红尘紫陌，西望烟水茫茫。这时空，这情境，这氛围，是多么浪漫啊！

桃李春风，一杯清酒，江湖夜雨，浑不沾身。

如此，甚好！

云沧海的七个小院，像苏北无数个被废弃或荒置的三间瓦房破院子一样，曾经是倾颓倒塌的旧房子。这个在废墟上被捯饬苏醒的小隐居所，像魔法一样变身成一个个感性又知性、清新还俏皮的时尚小隐士。

我曾走过国外的很多小镇，如英国小镇超过四十年的老房子即可申请文物，因为它承载了一代人的回忆。在中国乡村，这样的废弃老房子比比皆是，可惜多年前随着经济的高速发展，有些工艺精湛、散

旧房子改成了新诗

后来，禅心居的水泥墙被涂成了沧海的蔚蓝，繁花似锦，美吗？

发着神秘气息的古宅也被简单地拆除翻新。如今随着中华文明的快速复兴，以及国家乡村振兴的宏观战略的推进，很多老旧的房子得到了妥善的照料，拂去岁月的尘灰，重新呈现出尘封之后得以全新开启的岁月影像。

好吧！古人什么隐居多少式咱也效颦不来。既不是真隐者，也就不用使劲拗那魏晋高士造型了。都说，中国人的灵魂在乡下，所以，我们，一群梦想犹在、情怀尚存的中年人，在建设美丽乡村的感召下，来此驻足，重新打造这群废墟上的旧砖房。

也期待着更多的废墟，和这间叫云沧海的小民宿一样，被春风唤醒，在烟尘里，在诗情下，在岁月中，焕发盎然生趣。在山居田头、湖畔乡间，在郊野小村、寻常巷陌，绽放出最鲜活、最清丽的花儿。

你笑起来真好看

我们用汗水施了一个小小的魔法，让这间废墟变成了一个花园民宿。而住在杂物堆边的老人们，每天在云沧海的花园、阶前、檐下、亭中，喝喝绿茶，打个小牌，吹吹小牛皮，白发苍颜怡然自乐。

那笑容，真好看。

最初来此，仿若穿越时空，岁月烟尘隔空扑面，灰败

初见蒋坝老街

老街路面改造过程

的旮旯令人窒息。野草从瓦罐的残片里支离破碎地生长起来。老人们坐在屋外，无欲无求地看着龟裂的水泥路面。不知道在等谁的足音响起，或者，什么都没有等……

镇子上这条老街，几百岁了，真的很苍老。

开工伊始，我们的工人开始平整小巷子，铺好看的石板道和红砖路，垒墙，维修屋顶，砌花坛，种花草……

自民宿开始整理修缮，我看到，老人们的眼神每日越发灿亮了。组团视察日常施工进度，成了老街老人们的每日必修课。有的老人习惯搬把椅子整天坐在工地，貌似义务监工，其实就是和干活的工人们闲聊聊、打哈哈。当然，老人最喜欢的聊友是老姚，还有我。

小院改造后，随处可见的茶桌，让邻里的老人们也爱上了喝茶。下午无事，老姚会唤他们来，泡一壶普洱，来一场小型的音乐茶会。殷家小馆的老板兼大厨老殷擅吹葫芦丝，还新学会了吹萨克斯，他也很乐意与老人们在茶香中分享一曲。

老人家从前都爱坐在自家墙边的小凳上望呆，自从我们的台阶铺了防腐木，走廊就成了他们的日常闲坐阵地。老爷子老太太们坐在阶上理理菜，撩撩猫，逗逗狗，唠唠家长里短，甚至吃饭时，依旧端个碗坐在木台阶上。

有时看到有区里和镇上的领导来看民宿，老人们就会点着头说，嗯，他们是来为人民服务的。

明月小楼的廊檐，也是老人们闲来爱坐的地方。有时候围着廊上小桌打打牌，谈笑的时候声如洪钟，哈哈哈哈地笑，一副无论魏晋的架势。有客人住店的白天，他们会自觉压低声音。客人们惯常会拿出手

春回云沧海

机拍他们打牌的有趣画面，这是和城里有所不同的亲密邻里关系吧。

我家小宝应我要求，常来现场拍摄记录图片。他和路边的老人家一路打招呼，老人一见他就笑细了眉眼。后来老人们有谁家的电视调不出台，谁家的窗户玻璃碎了，谁家电闸烧了，就会笑着喊他，小宝啊，快来帮奶奶看看呢……

后来几个老太太看见我就打听，小宝呢，最近怎么不来看我了？小宝那么精神，有对象了没有啊？

“遇见小巷”对面虔诚礼佛的周阿婆，腌好萝卜干咸菜，还要专门让城里的女婿买回玻璃罐子，装好送给我们吃。湖堤上挖了野生的荠菜和马齿苋，都洗干净了送我。过年的时候，我送了她一幅织锦的佛像，她正在家摘菜，忙不迭擦手接过去。后来听说还让女婿带回城里装裱了高级的金色框，却一直想要把裱好的佛像送回给我。

开车回城时，常常看到车门把手上挂了一袋好吃的，有时候是柿子，有时候是橘子，有时候是枇杷。回头，周阿婆正在巷口，远远挥手，满脸的笑意如醉了的斜阳，真好看！

前台闲云小院的阳光屋，正对着一户人家。老阿婆姓张，九十多岁了，子孙住在城里不常回来。她从前的日常，就是坐在门左边一块石头上发呆。有太阳时晒太阳，没太阳就干坐着晒阴天。

阳光小屋修好，她转移到红砖小径对面、阳光小屋的门槛上。对环绕阳光屋的小水系饶有兴趣，最喜看小鱼在铜钱草中间游弋。

张阿婆有些记不得自己的年岁。每有人问起高寿，她就回想半晌，然后说，大概有六十多了吧？民宿的小姐姐便笑她，奶奶你又装嫩哦！

张阿婆喜欢热闹，遇到来调研考察的队伍，她也不避开，来访嘉宾和领导惯常会对婆婆笑，问声好，她也羞怯地笑着一一回复。

待人群散去，她就会开心地抓着我的手说："姑娘，谢谢你啊！每天都带那么多人来看我！"张阿婆固执地认为，所有的游客都是我请来探望她，专为向她问好而来的。

云沧海民宿定于2019年5月1日正式对外营业。前一周花了些篇幅做宣传。开业前三天，张阿婆却仙逝了。她家院门口搭起了灵堂，在吹吹打打中进行悼念和酬宾。

逝者为大，我们当然是尊重和回避。就在开业前一天，老人顺利出殡了。灵堂当天就被清扫得干干净净。前一日的种种悲声，仿佛从未存在过。民宿按计划开业了。

闲云小院月季满墙

最奇妙的是，那个“五一”清晨，忽如一夜春风来，前台的玫红蔷薇骤然绚绚丽丽地全开了。闲云小院的整垛老灰砖墙，如粉紫嫣红的云锦，若光明艳丽的朝霞。云沧海民宿，“五一”如期顺利开业。

后来回想，老人与我们在长期愉悦的共处中，已达成某种美好的默契。她还留了一点小心意，赠送了满墙美丽喜庆的蔷薇花开。于无声处，倾听花开的声音，安静怒放的花朵，如咿呀丝竹，如满堂喝彩。

始信人间美好的遇见，都有一段美丽的前缘。

在街北废墟，我们按老人们的回忆，建了这座沧海小亭。于是他们惯常爱坐，吹着三面穿堂风，闲话古今，闲看来往的行人过客。

小亭上梁的那天，我们在外地出差。听说，老人们自发放起了鞭炮，还焚香叩拜祈福。

彼时，屋上春鸠鸣，亭外桃花开，菜花阶前闹，村边杏花白。

云沧海民宿在小团队的打理下，日有绿盈门，四季见花开，也为邻近的老人家营造了一个蜂飞蝶舞的花花小世界。

花红柳绿，朝晖夕阴，小院无尘，花香满径。

在蒋坝老街做民宿的两年多，我常笑自己混得不济。从省城回县城，如今又下到村镇，估摸是人傻套路不够深的缘故吧。蒋坝政府前年给我发了一张新蒋坝人证书，我捧着照了张相片，笑脸也傻乎乎的。

而每每看到老人家在民宿中言笑晏晏，脑海就不禁浮现，初来此地那一天，仿佛 LOMO 旧相片效果的转角暮色。彼时的心情，也像灰蒙蒙的天色一样，清冷黯淡。

1. 沧海小亭
2. 幸福的地方花儿也会笑
3. 老墙新绘

我庆幸这段时光里，能以小小的力量，在这旧街陋巷，添一点点七彩的描画着色。

我会记得这一段经历，蒋坝老街北头，因为我们的小小努力，能看见老人们的笑脸，在村头镇尾，更多更明亮地绽放。那岁月的沟壑纵横，如风拂湖面，如月照苍苔，如云舞阡陌。

这笑颜，真好看！

开荒南野际

云边小田园

开荒拓土，咱是小能手。云沧海的堤边小停车场，云边小菜园，都是咱哥几个撸起袖子、卷起裤脚自己干出来的。

菜地前身是个年深月久的垃圾堆，土坷垃乱瓦砾堆了经年，野地荒烟，暮色寒鸦，一派凄凉景色。

多年前就梦想效颦陶渊明同学，拿起锄头种块小地，再写句“开荒南野际，守拙归园田”。金贵的花儿们姹紫嫣红诚然好看，可菜地好啊！满眼绿意盈盈，有黄花紫蔻参差，又有茄紫椒红瓜青一片。美味俯手可摘，好吃好看好侍弄。

于是开挖开挖开挖，圆一个春耕夏种、秋收冬藏的美梦。

入口梯田原是垃圾坡，陈年的腐物瓦砾像山包一样一直堆到院子门口。我们用大铲车把垃圾挖走，运来新鲜的泥土夯实。南北各挖了一条小道，两边砌上大条石挡土。老红砖和老青砖铺设石阶，复古文艺的田园风。

小径凤仙花夹道

小菜园改造前后对比

入口梯田改造前后

外层再铺上紫山生物公司讨来的蘑菇营养土，老姚在田间设计了波浪造型的砖路，一是为阻挡泥土滑坡，二是为了方便采摘浇灌，三是形状好看宛如波浪，契合沧海主题。

入口沿着院墙，砌了一垛石砌小挡土墙，把菜地固定若一个小小城池。又沿这矮花墙修了一条小径，石磨盘、红砖、青砖，鹅卵石参差间杂，小径如一轴徐徐铺开的古风卷轴，颇具设计感。

沿菜园入口逐级而下，缓步徐行，曲径通幽，你可以在花香绿意中走过禅心居窗外的小回廊，途经静荷小院门口，走过大柴小灶厨房，步入闲云小院。

垃圾里挖出了一袋玻璃弹珠，被老姚奇思妙想地嵌入地面，说是每走过小径，就会瞬间穿越，浮现小时候光着屁股蛋，弹玻璃球的时光。

田边小径两侧花草葳蕤，带着女儿经过的父母，都会掐一朵凤仙花儿，给宝贝儿染个指甲，一边讲儿时的故事。

厨房门边结出一串葫芦，正好七个，一时间成了网红。游人络绎拍照，说一根藤上七朵花，咱有无敌葫芦娃。七八十年代的人，秒懂!

从前的荒野乱岗，如今的田间小径。

陶渊明有诗云：

欢言酌春酒，摘我园中蔬。
微雨从东来，好风与之俱。

云沧海有诗云：

东篱收月色，小圃种青瓜；
深绿入幽径，浅紫看豆花。

云沧海的小菜地处处都有，调皮的绿意，见缝插针。

竹里小馆的油菜，炊烟小圃的香瓜，兰亭小院的空心菜，静荷小

却顾所来径 苍苍横草花

院的魔幻小西红柿，闲云后院的青韭茄子地，入口大菜地的豆角黄瓜玉米地……

民宿的师傅负责打理小菜地，寻常都有十几种蔬菜。既绿色生态能大快朵颐，也齐整美观可赏心悦目。

菜地里全是无公害的蔬菜，拔出洗洗就能吃。游人路过，常会来个实地“偷菜”。好吧，瓜果满畦，又无篱笆，谁能抵挡这满圃馋人的绿意呢！

一日，有位老爷子携孙女，赶天黑来摘小朝天椒，还带着提篮和口袋。爷孙俩一边摘一边生吃。我就站在田边上看了半个时辰，看小辣椒们转眼已被收个精光，就笑着说：“老人家，篮子放下不了，要不您就留一点儿给我们看看吧？”

老人问你是老板吗？一边打招呼，一边淡定地拎着满篮新鲜菜菜，走了。

独乐乐不如众乐乐，不过朱师傅把菜栽得很好看，让人不忍破

云沧海手绘小木牌

坏构图。我们摘菜都是间杂着收，有时有人像“薅社会主义羊毛”一样，守着一块地猛薅，整整缺了一片的菜地，像是局部脱发一样有碍观瞻。后来我画了几个小木牌子，以示温馨提醒。

广场上栽的柿子树每年都大丰收，菜地的枇杷树也是硕果累累，吸引了城里众多摘星高手来此。他们持竹竿、扔石子、摇树干，像勤劳的小蜜蜂一样乐此不疲。

云边小菜地，春天的锣鼓敲响丰收的喜悦。

行文至此，意犹未尽。

继续采菜东篱下，悠然看大泽。此时,《云沧海的小时光》歌中的小旋律又在耳畔唱响。田园正好，风清月朗，此心安处，就是家乡。

一壁砖墙贮春风

云染湖烟露华浓

云沧海的堤边小广场和文艺主题墙是洪泽湖边很有辨识度的打卡地。常在朋友圈和抖音里，刷到各种自拍互拍，到此一游的留影美图、游记美文。

停车场位于蒋坝老街边上，前身是一个多年生垃圾场，拆迁后断瓦残垣疮痍累累，衰草残石间虫鼠乱窜，目击一片积年脏污。

劳动最光荣，嚯呀嘿呀！挖土机把垃圾堆碾压平整夯实，铺建成一个沥青停车小广场。

老姚同学自己画图，设计了一壁主题背景砖墙。砖墙中空，里面原定是两壁红酒展示墙和小型的红酒窖，很契合诗酒田园的意韵，不过还没完工。荒土堆里挖出的部分旧砖条石和破轮毂也被砌到了墙上，工业风和怀旧文艺风，和谐相融。

我估摸着这乱瓦砾堆历时久远，深藏千载岁月，有点包罗万象的意思。

土中挖出的旧物都砌上了砖墙

古董专家王老师在里面捡过一小把明清的碎瓷片。洪泽图书馆裴安年老馆长指着入口石阶上的一枚残石，说那是明朝的石雕门楼残片，细看隐约还是福禄寿星的形状，表面却已历经沧桑光滑包浆。宝物已被砌在石阶上无法撬动，唯愿走过云沧海石阶的人，都会载欣载奔、一路连升、平步青云。

老姚在土里挖出一瓶完整的红酒，不知来处，谁也没敢喝。

我捡到一块刻有粗糙的“洪泽蒋坝”的大瓦片。拍照留存后想捐到蒋坝博物馆呢，可转眼就被不知所以的师傅扔到云深不知处去了。

云沧海小广场已成网红打卡地。中心种了一棵红枫，春日绿如烟，深秋醉颜红。主题墙上的蔷薇花儿姹紫嫣红开遍，千枝万朵灿若云锦。格桑花也不甘寂寞，热热闹闹填实了所有角落。

我们购置了两台报废的旧巴士，外层喷了彩绘。是儿子臻朴请来

久远的残瓦

镶嵌着旧砖雕的石阶

的小画家，他们可是参与画上海世博会中国馆彩绘的高手呢！旧巴士搁在小广场的近湖平台上，拟改造成“遥看”小咖啡吧。

“遥看”目前仅有巴士外壳，尚未完工。但俨然已是打卡背景道具，破车前头万木春的节奏。

想象一下，一杯手磨咖啡，陪你晴日傍晚，闻湖岸花海，看落霞漫天；细雨之中，吹清冽湖风，看新燕双飞；雪舞时节，看风吹樯动，佳想安善，恋此逍遥一刻。主题是，一间叫“遥看”的巴士小咖啡吧，一杯热腾腾的焦糖玛奇朵，一壶香醇浓郁的熟普，或是一只水晶高脚杯里潋滟的红酒。

嗯，值得期待的“遥看”巴士咖啡吧。

逢节庆时，舞龙队、花船队、秧歌队一定会在云沧海的停车小广场唱跳一番。乡间花船队的老人们敲锣打鼓、载歌载舞、欢天喜地。

花船是洪泽湖畔的传统喜庆节目，舞者置身在花团锦簇的假船舱中，抬着花船儿晃晃悠悠，仿佛是摇着小船儿在烟波里看荷捕鱼唱渔歌。唱“没有共产党就没有新中国”，再唱“一条大河波浪宽”，还唱应景即兴自编的顺口溜。想到哪儿就唱到哪儿，果然高手在民间哈。

花船儿从小广场一路耍过小菜地，耍过遇见小巷，耍过新铺的老街红砖路。孩子们在队伍后面嬉戏打闹撵着跑。

每逢花船来，老人孩子的脸都笑成了太阳花儿。浑然忘了小病小痛，再不问今夕是何年。

云沧海的小广场，文艺老砖墙、彩绘巴士、蔷薇花儿，一处有一

花开荼蘼

处别样的小风韵。伫立在此，遥看落霞如锦，水波如海，此时把酒临风，顿觉宠辱皆忘，懒管浮世烟云。

一壁砖墙贮春风，云染湖烟露华浓。一垛旧砖墙也有它的风花雪月。

枇杷满树菜满畦

半亩园中蔬　一席田间宴

云沧海美食小攻略

唠唠叨叨写了云沧海的四季风月、三径花田、两只蝴蝶、一帘幽梦，爱民宿的小伙伴们说，写写咱的小厨房吧，舌尖上的乡愁。

一台柴火灶、两名夫妻档大厨，三口大铁锅，四季地道乡土菜。

某天，饕餮完小鱼贴饼、小葱烤蛋、大柴烤肉，吃得满嘴流油、脑满肠肥。云沧海姐姐先泡了一壶普洱消消食，然后，在厨房门口画了一个牌牌，“大柴小灶”。油腻催生灵感，果然。

说说平时坚守民宿的夫妻档朱师傅和汪大妈。两口子长年以民宿为家，吃住都在此。汪大妈负责做饭烧菜，她做过业余厨子，会烧一些蒋坝乡土菜，她对食材极讲究，不擅用化学调味剂，味道也烧得极地道。

汪大妈清爽直率，人也麻利。她老公朱师傅是对老

手绘小招牌

婆极温顺的暖男，退休前还是个会计师。老两口因为爱上民宿才从城里搬来民宿驻守。老朱负责打理小菜园，还要给老婆种菜、收菜、砍柴、烧大灶。一个成功的女厨师，背后要有一个默默奉献和实力撑腰的男人，果然。

再讲讲小灶的食材，素菜基本都是老朱的小菜地自给自足的，无农药、无污染的纯绿色原生态食材。小时候在田间摘一个瓜果萝卜，手搓搓就能上嘴啃的那种。至于荤腥，大湖呈献的野生鱼虾，想想都口水直流。猪牛羊鸡鸭鹅，都是村边乡亲散养的所谓“跑地小能手”。在我们的小厨，养殖场速成的那种寡淡白蜡肉味，是绝不会有的。

闲话不表，谈谈汪大妈拿手的几道蒋坝菜吧。

大柴小灶的乡土菜

传说中的小鱼贴饼，自然是她最拿手的经典网红款。关于这道看家本领，已专门撰文数篇，此章暂略不表。重点写一写小厨的另外几个特色土菜吧。

1 小葱烤蛋——葱香与蛋香齐飞，烤蛋与炒蛋一色

为啥叫烤蛋？因为，它是土法打蛋汁搅和，却是用柴火灶烤出来的。松软多孔，有点儿泡芙的感觉，又外焦里嫩，比蛋挞有嚼头，蕴含着土鸡们沐浴的清晨露水，杂糅着乡野的清新和隽永。很快，必然一盘见底。

中庭小酒会

1 | 3
2

1. 2. 小葱烤蛋
3. 大柴烤肉

2 大柴烤肉——千般乡愁，一盘大肉

须得要肥瘦相间的五花肉，是红烧肉的感觉，但是用柴硬烤出来的。比红烧肉有炭烤香，入味又有嚼头；比烤肉又绵软细腻，明明有嚼劲，入口又易化。

甫一入口，小时候过年时围着大灶台，那似乎能穿透全世界的肉香味，一下子又穿越似水流年，在你的唇齿间，百转千回。

用大灶的发面饼子，夹上两块肉肉，那土法肉夹馍、洋法比萨三明治，统统秒成渣。

减肥，明儿再说吧。像厨房门口小牌牌上画的，吃饱了才有力气减肥。

湖边的鱼小圆萌化了

3 蒋坝鱼圆——大湖云水，鲜越千年

鱼圆是蒋坝千年传承的美食。一进镇子，就看到鱼小圆各种婀娜多姿的卡通造像，肥肥的白屁股墩儿或坐或卧或扭巴，萌萌的让人心都化了。鱼圆相传是乾隆御题的“天下第一美食”，能做镇子的吉祥物，一定是盛宠不衰的。鱼圆在蒋坝，家家饭店都会做，数镇上的梁阿婆手艺最好最闻名。

咱汪大妈做的鱼圆也挺好。食材还是第一要素，洪泽湖的生鲜纯活鱼肉，真正的

土法肉丸子

无任何添加，刀背剁出来的筋道，鲜白软嫩，入口即化。

没吃过小鱼锅贴，等于没来过洪泽湖；没吃过鱼圆，也等于没来过蒋坝。诚不我欺也！

4 大肉丸子——小时候的味道，历久弥香

这道菜目测真的平平无奇，就是寻常肉丸盛在汤碗中，漂着几片青菜叶。可这原料是跑地生态黑猪肉，汪大妈用菜刀土法剁出来的肉糜，是地地道道的手工肉丸。咬一口Q弹筋道，那肉味在下锅煮的时候都香飘满院，儿时过节在灶前等着肉丸出锅的热切心情，一霎重现。

5 韭菜合子——青韭配鸡蛋，新炊香绕梁

这句诗改自杜甫的“夜雨剪春韭，新炊间黄粱”。诗圣觉得故人翻山越岭来相见，田里的春韭是最好吃的，配上大酒十杯。“十觞亦不醉，感子故意长”。喝来喝去回首往事，桌上仅仅就这一道韭菜。云沧海的青韭，和老杜的一样在乡间田头自然生长，嫩生生，碧油油，看之眼翠，吃之舌醉。

汪大妈把韭菜细细剁碎，滤去菜汁，用烤熟的黄灿灿的鸡蛋皮，剁碎搅匀拌馅。用面皮包起，形如花边大饺子。然后贴在柴火灶边，或是用平底锅，慢慢炕熟。

咬一口韭菜合子，和着蛋皮香的韭菜汁仿佛能沁入味蕾，真真是好吃！婉约淑女如我，一口气也能吃上五六个。

隔着炊烟，彼时的杜诗圣，要是跟卫八处士重逢的日子里，每天吟诗作赋啃韭菜合子，估计他吃上瘾了，两人还会流连个七八十来天，也就不急着“明日隔山岳，世事两茫茫”了吧。

6 酸豆角

本想收笔，可是忍不住要唠叨几句酸豆角，虽只是小咸菜，但我实在太喜欢这一口了。

汪大妈把田里种的豆角趁嫩摘下，切碎、过水、吊卤、腌制。腌上一个月，再用香油炒熟，就着粥当小菜，酸酸甜甜脆脆，嚼着齿颊生津，能多喝一碗粥。

酸豆角易于保存，用小瓶装上能吃一个月不坏。有朋友来此，总要求带些回家。于是我订了一些 100 克的小玻璃瓶，每次一小瓶，限量供应，吃了还有想头。南京的周周姐，念兹在兹这酸豆角，每次说来看我，我感觉都是醉翁之意不在酒，在乎酸豆角是也。

民宿还有各种土菜，一一写太过啰唆，亦有敝帚自珍之嫌疑，就此打住。纸上得来终觉浅，欲得真味要躬行，客官，有兴趣就自己来尝尝吧！

花开菜半

剧透一下，其实云沧海真正的厨神是 Jack 大叔，民宿的掌勺看家菜都出自他，果然真人不露相，深藏功与名。

云沧海民宿的美食，平淡质朴，一蔬一饭皆收自小圃田间；不事张扬，一瓢一箪均深藏隽永；耐人寻味，一食一粟都令人流连。如同云沧海的每个小院，一花一景，朴实无华，并不惊艳，却令人在温情中慢慢回想。

某天，约起，三五好友，小聚云沧海小院。在土灶后拗个烧柴的造型，拍拍小鱼贴饼发个短视频。然后，在闲云小院，大快朵颐。

唯有美味不能辜负，世间万事皆可释怀。

小鱼贴饼柴火灶

湖岸炊烟起乡愁

云沧海民宿的小鱼贴饼，成了新晋的网红。它还被文艺青年们赋予了一个温暖的名字：乡愁饼。

有一位离乡多年的老领导来此调研，在灶台前候足了四十分钟，只为重温儿时在灶台边，等着娘亲的发面饼子出锅的那种幸福感。热腾腾的烟雾中，腾起的是满满的往昔期待，暖暖的儿时记忆，浓浓的湖岸乡愁。

沿着岁月，溯洄游之，仿佛看到暖暖雾气里稚嫩的我们，在灶台边翘首踮脚等着饼饼出锅时，一双双期待的眼睛。那种满足感，胜过了往后人生里无数盛宴。

从前的洪泽湖渔民生活起居都在一条渔船上，大湖漂流不舍昼夜。他们白日里撒网捕鱼，傍晚把大鱼卖到集市，剩下的小鱼就和着湖水煮煮。

为了节约柴火，边上贴一圈饼子，一锅鲜香浓郁的杂鱼煮好，饼子也可以起锅了。正面是外焦里脆的锅盔，敲一敲嘎嘣脆响；反面是香糯松软的面饼，鲜和绵柔得像

闲云小院静待美食

一块自然原味大面包。当鱼汤煮沸时，鲜美的活鱼汤汁浸到饼子的下沿，饼子上混合着大湖的鱼鲜味，令人唇齿生津。

炕饼子必须要柴火灶。云沧海民宿有三个院子保留了传统的老柴火灶。上了年纪的破灶台基本坍塌废弃了，我们根据记忆尽力复原了它初始的样貌。有个小院还为大灶台建了个水晶小宫殿，因此得名“炊烟小圃”。

平日，厨房的汪大妈会用传统的老酵头和面，等面发泡起像蛋糕一样的一锅，再兑碱，揉出筋道，拍成饼子，贴在煮鱼的铁锅边上一圈。

朱大爷负责配合主厨娘子烧火添柴。柴火和芝麻秆都是他收拾来的，民宿的小菜园也是他精心打理的。汤沸火红鱼香满屋时，甫一揭锅盖，腾腾的人间烟火扑面而来，香香浓浓一大锅乡愁，氤氲绕梁。

摄影家们纷纷来此打卡，以镜头记录着湖岸炊烟，
记录着舌尖上的大湖乡愁

湖东湖西，半篓杂鱼入釜；江南江北，一锅乡愁贴饼。

饼香不怕巷子深，云沧海乡愁饼饼实力圈粉，圈起天涯行客、四海吃货、一众粉丝。

慕名为一亲饼泽的，往来者络绎。

满院繁花的闲云小院，小坐中庭，在荷风花影里，细品小鱼锅贴的美味，佐以一杯淡酒，清风徐来，顿感世事浮云，宠辱皆忘。

传承数百年的美味，炊烟起时，余味飘摇，唤醒游子和行客的味蕾。

石堤古道边，老街深巷里，蒋坝古镇历经 1400 年尘烟，依然闲立洪泽湖东岸。

向晚，完美饕餮之后，且枕着大湖涛声，冉冉浮起乡愁。

禅心居小院灯箱

第二章

七个小院的前世今生

颓墙蔓草间的乡愁
整饬成
七个临湖小院
我的小小田园
小小隐逸村居
让岁月尘烟
开出繁花遍野

静荷小院

寂静的欢喜

静荷小院是云沧海民宿第一个设计、建造、落成的院子，所以作为开卷第一篇，以资记录。

这组图文缘于前日清理电脑硬盘时，发现很多旧照片，彼时随意按下快门，却记录了云沧海民宿的“公元前”遗址和建设改造过程中的点滴瞬间。于是以民宿的七个院子为单位，逐一整理归纳，以“七个小院的前世今生”为题，作一次图文再现。

相片可待成追忆，只是当时未上心。也感谢我自己的拍摄强迫症，偶然留存了这七个小院的一部分史前记忆。

静荷是七个小院里最袖珍的一个，三间小砖房，一间小厨。前身是藏身在一个垃圾成堆、虫鼠横行的土坡下的旮旯，墙倒屋塌，门窗早已不知所踪，只有枯黄的狗尾巴草随风摇摆，让人产生“日落狐狸眠冢上”的凄凉感。

2017 年夏末的一天，我和合作伙伴老姚，从这片废墟上，走向这个破败不堪的废弃小院子。闭目构想之后，

改造前的静荷小院

尘烟已散花满径

老姚游说了一些知名设计师来此，可惜大多数人认为这个堆满垃圾的角落过于破败，只是苏北典型的最简易最寻常的“三间大瓦房”废墟，并无任何改造价值。

于是，我们决定自己动手。老姚自己绘图纸，指导、监工，组织一帮乡村工人，热火朝天投入乡村振兴的滚滚洪流中。不久，另一个傻子，就是我，自带干粮、自筹资金、自当工友加入了这个改造废墟的小团队。后来，很多高手随之纷至沓来，寂静的老街一时风起云涌，高手云集。

闲话不表。

静荷，是我喜欢的意境，一株安静的荷花，静静开放在古街一隅，遥听大湖烟水，静看夕照云飞。

1 画面回放一

曾经，断壁颓墙洞作窗，月黑风冷野草黄。怎一个破字了得！

不急，我装个小木窗，再砌个小厨房。

再给小窗四周加一点点的小造型。

春天来了，油菜花染醉了小窗。

小窗生成记

2 画面回放二

原来的静荷小院深陷土坷垃中，门口是一个小垃圾山。

在院子门口的乱土灰堆中挖出一条小石径，小院的门终于可以完全显山露水了。再给小院砌个青砖门楼，拱形小木门。

现在，这是一条美丽的小径。小菜青青，蔷薇满径，绿叶和青萝，乱拂行人衣。

1. 2. 3. 废墟里挖出这条小径
4. 门外的“静荷”灯饰

1 | 2
3 | 4

3 画面回放三

黑屋子蒙尘多年，照片只有肮脏坍塌的黑墙。

我们修葺好坍塌的屋顶，又用老木料加固了房梁，客厅里放了一张蓝色的老罗汉床。

荷元素的水墨四条屏，清荷莲蓬白鹭，中国画传统的美好寓意：一路连升（一鹭莲生）。家“荷”万事兴，荷是房间装饰的主题元素，挂画、茶盘、茶席、杯盏、茶壶、墙饰、靠枕、地毯，到处弥漫着荷的清香，似满屋荷气氤氲，香远益清。

改造过程

随处可见的静荷元素

4 画面回放四

这间废墟上重建的小厨房，砌了一板传统的柴火老土灶，又配了最新式气电两用集成灶，中西合璧，似乎小时候放学，灶膛里红薯的香气扑鼻而来。

改造前后的小厨房

夏有静荷冬有雪

这里的时光柔软静谧，若莲花轻轻绽放。静荷，云沧海最小的一个乡村小院，承载着这片废墟前世今生的最初记忆。我们一起用心感受，静荷小院的最美四季。春有菜花秋有月，夏有静荷冬有雪。

雪花一片一片一片，在静荷，静静缤纷……美吗？

有没有一点点高端整形即视感？以后的以后，还会有更多风格、更加美好的系列小院，在这个古老的小镇面世。那时，希望属于静荷的所有回忆，都被汗水和劳动浸润出别样的风华。

中国人的乡愁在故园，云沧海的灵魂在湖边。美丽乡村梦不老，敢教废墟换新颜。

此时，此间，诗情满溢，闲看云卷云舒，静枕月色涛声。

梦里，泛舟碧水，十里荷田。

静荷香浅水云浮

竹里小馆

清新的慎独

竹里小馆的名字源于王维的诗歌《竹里馆》：“独坐幽篁里，弹琴复长啸。深林人不知，明月来相照。”

我特喜欢这首诗的情境，清新的慎独，幽雅的孤寂。

竹里是云沧海民宿改造的第二个小院。在改造之前已空关了很多年，院外垃圾成堆，杂乱晦暗，院内荒草萋萋，危墙昏鸦。歪斜的院门锈蚀斑斑，屋子的门和窗都没有了，只余下几个阴森的黑洞。连门头的砖雕也不知被谁给撬走，徒留一片残破的疮疤。

站在院外往里看，颇有旧电影的惊悚感。仿佛一个叫小翠或小倩的女子会披散着头发从荒径颓门中幽幽飘出，伸出舌头唤一声：这位书生，可是东郊的宁采臣？抑或是月白风低时，见一长发女子衣袂飘飘一舞倾城，就此烟消云散人妖殊途。

这个院子，处处仿佛史前遗迹，房顶的一个大洞都好像陨石砸出来的。

改造锈蚀斑斑的老院门

屋顶屋梁门头及门窗整体修复中……神改造模式开启！

首先看看这个史前破铁皮门的改造进程：锈蚀的破铁皮外包了一圈实木框，加了纯铜门环。在院门和旧水泥墙上钉了几片铸铁漆绿的竹叶，依偎在竹里小馆灯箱边，颇具工业风和古韵的混搭美感。

小院西墙，把杂草和垃圾清理了一下，砌了个防腐木的茶台。是不是顿感满院茶香袅袅啊？

再来看！就是这个浪漫的圈圈，梦幻了这堵破水泥墙……

这个经典的圈圈是云沧海姐姐的创意，把原来墙外的垃圾屋拆除，砌了一个小小花坛。花坛左边是禅心居的院墙，涂鸦了墙画。

第一步：拆除垃圾房。

第二步：砌个小花坛。

圆洞前后对比

第三步：挖个大圆洞，两边借景。

后来的后来，竹里的明月小圆窗是这样的仪态万方。白日里隔墙相望，墙里花香墙外道。月色里灯影如画，一壁沧海问婵娟。

这个老砖墙的圈圈仿佛圆圆的年轮，承载着云沧海一季一季的风花雪月。

竹里菜花黄

遇雪菜更甜

改造过程

竹里蔷薇因风起

蔷薇盈架 满院芬芳

Jack 将院里的菜地用砖木分隔成块状，便于行走和采摘。菜地边上新砌了小花坛，花坛里一棵老金桂树，秋日里浓香馥郁，连小巷都尽染桂花香。

原主人的亲戚吵吵着要把这棵桂花树刨走卖掉，Jack 文艺地对那位彪悍的亲戚一遍一遍说，请留下这棵树，请留下这个院子有关这棵树的故事，然后，你每年在花开的时候，来闻花香。在他唐僧似的叨叨中，然后……那亲戚居然答应了。

竹里小院改造前后

这棵树因此能在以后的很多个秋日，继续花香盈院，余馨浮动。

淡竹叶色的纱帐

堂屋正面的挂画是手绘翠竹四条屏，罗汉床和茶桌茶椅都是竹材质的，靠垫和茶席都是竹元素，两个竹图案的圆形鼓凳，乃至茶壶水杯，竹帘小品，地垫摆件，都是竹元素的。

竹里茶香，诗韵悠扬……

Jack 为了把一面水泥墙的外层水泥磨掉，把砖墙的肌理磨出来，煞费人工。灰墙边的红色彩绘椅子是从云沧海姐姐的臻成商贸公司大厅里搬来的。明艳的大红与古旧的灰砖墙相得益彰。

竹元素无处不在。束其虎先生的墨宝“竹里馆”诗，挂在旧砖墙上，韵味古雅

遇见小巷改造今昔

不妨想象，晚上你在云沧海民宿的小餐厅，把乾隆御题的“天下第一美食”鱼小圆，还有汪大妈在柴火大灶上炮制的小鱼贴饼吃饱饱；再来一杯云沧海定制红酒；餐后，在湖边走一走星河一样的荧光爱情小道，看大湖明月，听碧浪潮声；再回竹里的大浴缸泡个鲜花澡；按摩椅上揉揉小蛮腰。这神仙体验，简直太令人陶醉了！

光想想，已是醉了。

竹里小院的菜地小景致，躲在西红柿和小辣椒里的大蜗牛、小乌龟，还有小松鼠，都是晚上在小圃里发亮的太阳能小灯。

从湖岸的格桑花海漫步，拾级走来，走进竹里门口的“遇见小

1/2

1. 有竹不俗。这是洪泽湖畔大书家束其虎先生专门题写的
2. 横躺的老树桩依然是从湖边捡的，装点成小鸟儿的居所

小院有茶

竹外酣眠

巷”，转角遇见爱……可堪期待。

当桂花芬芳了秋日，当油菜花染醉了窗台，当夕阳零乱了竹影，当菜苗儿青青满园。你可曾，想来竹里，小小盘桓？

宁可食无肉，不可居无竹。倘入竹里住，不闻更漏长。

此间入梦，倚竹而眠，夜阑卧听，春笋拔节的清响。

清静的竹里小院，今夜有房。

竹里午梦甜

禅心居

莫使有尘埃

禅心居是云沧海民宿开工时，保存较完整的一个院子，当时老周家老两口还住在院里。

院子里每天都有一个小扩音器在播放南无阿弥陀佛的音乐，听得脑袋里物我两忘、五蕴皆空。堂屋老油柜上贴着整排的塑料山水画和观音像，所以我当时就想着，给这个院子取名禅心居，关乎老周家的记忆。

这个小院作为施工临时歇脚点，是最后改造的一个院子。把它放在改造笔记系列的第三篇，是趁着刚改造完的新鲜劲儿，仿佛刚剪下的花枝，还能闻见今晨的朝露沁香。

先看院子，原来的三间大瓦房有些年代了。门头的砖雕是几十年前镇上的老石匠做的，现在老街早就没人雕石头了。

就是在禅心居的院子里，Jack 和一拨一拨团队开始研究，如何将这一组废墟上的老民房，改造成精品民宿。

这个石头水泥小棚子原本是老周搭的简易厨房，后来被改成了一间温馨小客房。在小厨房的顶上，加建了一间叫“星辰小筑”的阳光小屋。现在是游客的重要自拍打卡点。

院子里有两棵树，一棵桂花，一棵蜡梅。分别加砌了一个青砖花坛。

好了，现在想看看院子经过 Jack 的设计改造，被云沧海姐姐魔法摆布之后，是什么样子了吗？剧透一张现在的院子图片！

必须要点赞一下这个实木玄关，这是 Jack 的无敌新改造。

1. 木质玻璃玄关
2. 3. 小花坛改造
4. 花下一杯饮

禅心小院实景

苏北人都知道，苏北农村三间大瓦房的三大槽点：一是冬冷夏热不聚气；二是蚊虫蝇子到处飞；三是大白天乌漆麻黑无采光。

现在，有了门口的这个木框玻璃玄关，三大难题迎刃而解。另外，这玄关还很漂亮，冬天还可以当花房。

院子里一对老榆木门板是清代的，我从山西收来，清洗后摆放在院子里。下面的树根是我从湖边野地里捡的，处理了一下，刷了层油，配了茶圣陆羽造像。

桂花树下一杯茶，就慢下了时光。树下的茶桌，乌金石的茶盘，桌上所有的摆件皆出自我手，契合禅心居的意境。

门前问花花不语

桂树下的老门板是明清旧物

禅心居小院子里，CCTV《发现之旅》的著名导演樊明基先生采访老姚，关于设计改造云沧海民宿的初衷、关于新农村高质量建设的认知和构想。

好，走过院子，一起回忆一下，老周家从前的堂屋。

老房子屋顶很高，门对面的老油柜上贴着塑料的彩色年画。

东屋和西屋分别是原来的主卧和次卧。看起来不是那么美丽噢！让我们闭上眼睛想一下下，默默念一句：“芝麻！变身！”

然后，铛铛铛铛！巨变！这还是原来那间破堂屋吗？

水写布和笔架，谁都想蘸水划拉几笔，安静地练练毛笔字。

厨房顶上加建的星辰小筑

现在，再来看看从前的主卧和次卧，秒变……东屋和西屋分别加了一个隔层，不浪费层高，变成了闺蜜房、亲子房、复式标间，怎么样？

楼梯上面的榻榻米，还有小坐榻。二人相对，共剪西窗，可否？

那谁皇阿玛，还记得大明湖畔的夏雨荷吗？蒋坝的小伙伴们，还记得洪泽湖畔的那间小破厨房吗？现在，它叫星栖小屋。

最经典的景致，应是原来小破厨房上面建的那一间星辰小筑。

江苏卫视曾在禅心居拍摄过一部微电影，帅到没朋友的男明星吴文璟，和女主角远离城市喧嚣，两个陌生人住进禅心居，男主住在西厢房，女主住在星栖小屋，星辰小筑阳台上拉小提琴的女主角和最近比较烦的男主角在禅心居里慢慢碰撞出爱情的小火花。然后湖边漫步、小径拉琴、前台酒吧喝果酒碰撞出各种罗曼蒂克，再后来，确认过眼神的两人就在小院走廊里互扔秋波，喂来喂去啃大闸蟹玩……

剧情有点儿庸常中二，却因为云沧海民宿的唯美场景，看起来煞是浪漫。

禅心居有三个套房五张床位，很能找到家的感觉。当地的小伙儿迎娶外地新娘，从酒店迎娶难免有客居之感，就把这小院当成了娘家，新娘全家前一天都住在小院里。总有伴郎团在小院门口表演往门缝塞红包，求娶新娘。喜气盈门，寻常可见。

星辰小筑的二楼阳台，延伸在小菜园上空，青翠欲滴。

一个寻常下午，一杯茶，一台笔记本，在这个阳台上，可以调素琴，阅金经，吹湖风，看云起，工作就成了一件无比美好的事。

禅心居的新嫁娘

禅心居的门口从前是泥沙俱下的旧水泥墙，云沧海姐姐和几位画画的朋友画了墙画，有点老树和丰子恺的味道。上面的诗句是云沧海姐姐玩了个票，自编自撰自涂鸦的！

这么美的禅心居，你喜欢吗？最后改个顺口溜：

大湖边上，三间瓦房，枕几册书，有些余粮，水如沧海，云绕夕阳，世间破事，去他那啥。

繁花小院，尘埃不起，清新干净的禅心居，屏蔽世间风雨。且在此间盘桓几日，静悟云水禅心，照见五蕴皆空。

1. 禅心小院
2. 枇杷熟了
3. 这个古旧的门牌，颇具年代感
4. 星栖小屋

禅心小院花满蹊

明月小楼

竟夕起相思

改造前的明月小楼，是个没有名字的乡村废弃建筑，待拆中……小楼像苏北村镇无数的简易楼房一样，造型乏善可陈，闲置多年，门窗早已当破烂卖掉了，窗洞上的杂草春风吹又生。

老姚邀请了国际著名规划设计师 James 到此一游，云沧海姐姐彼时也是第一次来此，无意中拍下了小楼的第一批原始存照。

二层的明月小楼是云沧海民宿中唯一不带院子的客房，古雅的名字源于“何处相思明月楼”的诗句，装饰却有些偏北欧的现代风。室内设计考虑了年轻人的需求。

几张挂画是胡永凯的画作。清新雅致又时尚的新中式风。小阳台用防腐木铺设，明月楼台休独倚，两把椅子一起坐。

一楼的原木大床，仿佛令人闻到来自大森林的原木香气。

改造前后的明月小楼

二楼别有韵致，漂亮的蓝格子沙发放下来也是一张大床。沙发后的书法是我从前的笔名“云中观沧海”，后来众人嫌五个字太长，遂简化成“云沧海”，这幅字是洪泽老书法家夏克智老师题赠。

慕思大皮床后的背景画作里，佳人回首月明中。

窗外绿意盎然，清爽润心……

旧时明月应犹在，小楼今夕换新妆！

先看看门廊边这个木牌上的句子：月色撩人，红酒醉人，为想念的人，留一盏灯……心头瞬间泛起酒酿一样微醺的玫红涟漪。

似曾相识燕归来，衔来春泥筑新巢。耳畔仿佛响起小燕子穿花衣的童谣。

明月小楼，这个美丽的名字在唐诗宋词里可以找到无数个典出，范仲淹的“明月楼高休独倚，酒入愁肠，化作相思泪”，张若虚的

檐下的燕子窝

“谁家今夜扁舟子，何处相思明月楼”，温庭筠的“玉楼明月长相忆”；这样的明月小楼，是离人间竟夕而起的点点相思……

最不忍看李煜的“小楼昨夜又东风，故国不堪回首月明中”，“无言独上西楼，月如钩”，“千里江山寒色远，芦花深处泊孤舟，笛在月明楼”，那些无奈的离愁别恨、故国情伤。

辛弃疾的“明月楼台箫鼓夜”，白居易的“月明人倚楼”，杜甫的“露从今夜白，月是故乡明”，是征人的遥遥瞻望，是怀人念远的万千忧思。

最是一句，“举头望明月，低头思故乡”。

而云沧海的明月小楼，不是病恹恹的美人相思，不是南唐后主的愁心如捣，不是天涯孤旅的伤春悲秋……

洪泽湖之滨，蒋坝老街北头的明月小楼，是“当时明月在，曾

明月二楼小厅

洪泽老书法家夏克智老师题赠

明月小楼廊檐

明月待君归

俄罗斯锡鹿和尼泊尔铜瓶

昔日破走廊变成打卡点

照彩云归”的朝花夕拾的欢喜，是“楼中饮兴因明月，湖上诗情为晚霞”的通达潇洒，是“我醉君复乐，陶然共忘机”的超脱出尘，是一份坐观大湖皓月、静享云水禅心的从容自在。

这份光风霁月的情怀，才是咱云沧海民宿的明月小楼呀！

兰亭小院

惠风和畅

王右军的兰亭序，惊艳千年。

“天朗气清，惠风和畅”，“老少咸集，群贤毕至”，湖山无约聚高士，这是多么其乐融融的图景啊，想想即心向往之。

兰亭小院是和明月小楼联排的上下两层小楼，楼后还藏着一个有三间房的小院落。全院改建成了三个套房。

进入兰亭，映入眼帘的是一幅高仿手书“兰亭序”，连涂改墨迹都一比一临摹。仿写者亦是中国书法家协会的书法名家，仿兰亭成痴。

从西藏带回的一张老唐卡，从五台山捡回的六道木根，搭配紫砂做成了摆件，相传六道木是释迦牟尼从印度带到五台山的。

兰亭前厅的里间客房，是云沧海民宿里目前唯一的标间，挂画是我从拍卖会拍得的。慕思的皮床，适合结伴酣眠，兰香入梦最宜人啊！

茶室里的《兰亭序》仿品也极是好看

兰亭内外可雅集

小院写生

摄影家喜欢来此

兰亭二楼是一个小套间，这屋的画儿都是云沧海姐姐自己动手，拾墨涂鸦而成。

从二楼看下去，路过的摄影家们，各种拍拍拍……

还有一位悄悄地从隔壁阳台拍过来……

用两句诗，作为兰亭小院笔记收尾。

把盏静忆云沧海，花落北街头。诗成自写红叶，和语寄东流。

华丽变身的旧院子

番外

梦中听雨小隐庐

兰亭往里，原先有个破烂不堪的小院，改造后，不显山露水，却别有乾坤，故名“小隐庐”。

春天菜花金黄，满院芬芳，秋日小园静谧，风清月朗。

小院隐于小楼之后，无市井车马之喧，无丝竹人声嘈杂，于小圃开荒方寸，持小锄守拙天井。

人已远，地自偏，此心不惹尘嚣。

堂屋的大罗汉床的颜色是我最喜欢的松石绿，上方是画家建秋先生的四条屏，画风疏淡，韵致清雅，颇具隐逸之风。大面积的留白，意韵简约，信笔由之，拙极又雅极的用笔，契合小隐的情境，也是我喜欢的风格。

厅里的茶几是用老榆木门板改制的，门上的铸铁搭扣还保留着，桌腿是用老门框改制成的，坐在桌前饮茶时，仿佛听到月色里有隐者造访，小院门声咿呀。

院子里，瑜伽狗狗在窗台上、在茶桌上打坐，小隐于

小隐于野菜苗青

红尘，感受田园正好。

你是不是，瞬间爱上了这个于繁花深处韬光养晦，仿佛藏有一帘幽梦的小院子？

小隐庐，大隐隐于市，小隐隐于此间。

松石绿罗汉床和隐士四条屏很适合小隐庐的格调

试一把混搭风

此间可小隐

炊烟小圃

沉香悠悠入画　翠微苍苍满庭

“炊烟小圃”得名于大门口的老柴火灶。在老街新铺的红砖小径上，看到玻璃小厨房里修旧如旧的老灶台，可以想象，当炊烟袅袅升起，暮色笼罩大地，天青色等烟雨，伊人在等你。

收纳着沉香小屋和翠微小屋的炊烟小圃，毗邻兰亭小院，在前台接待中心的南侧。

这里原来是蒋坝老街 205 号，原主人家兼营着家电维修。门口是红砖搭的简易过道，临时窗户是铁板车床下的废旧料。这大灶有年代了，我们曾试着烧过一次，风化的灶台四面漏气冒烟。

依旧是一个拆了一半的民房旧址，样貌乏味至极，断壁残垣，蛛网尘灰，院里有两进三间砖房。朝南的青砖灰瓦，年代久一些，门朝东的三间红砖平顶房应该是后加的，做工简易粗糙。相同的是，两进房子的屋顶因年久失修全部坍塌了，堆满垃圾的角落污水横流。

我们简单画了草图，初步修复改造，给屋子加了屋顶，用木料加固了梁柱。一番修缮改造加固清理后，又给屋子定制门窗。小菜园修建好后，终于可见炊烟小圃的雏形。

小伙伴们，擦亮眼睛，现在请一起来看，值得回忆、可圈可点的魔法改造四步走——

1
2 | 3

1. 改造中的两座小屋
2. 从前的老街 205 号
3. 现在的炊烟小圃

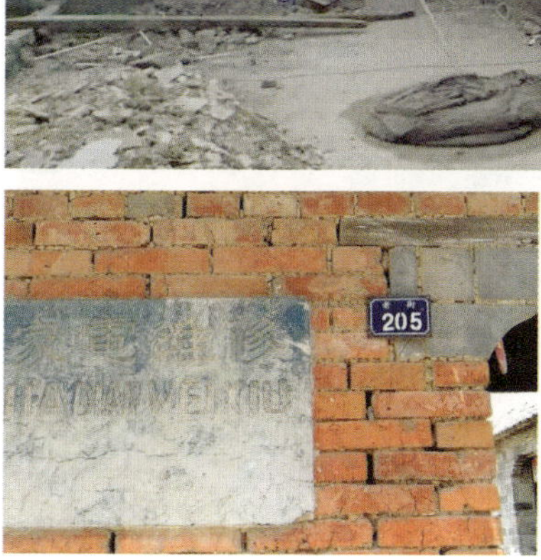

1 改造第一步：水晶宫里的柴火灶

老姚对这个大灶给予了深厚的情感，可能它能唤起他们这个年代漂泊游子的那些青春记忆和乡愁情结吧。

在给大灶重新加固抹灰的过程中，这口年代已久的大灶居然塌方了！还是全塌！然后，老姚又卷起裤脚参加到大灶重建的工程中。砌好灶台还不算，又捯饬了两口大铁锅，再从亲戚家寻寻觅觅，寻来两只历史悠久、疤麻癞歪的老锅盖。

处女座的他，还不过瘾，又专门造了个水晶屋，把这份舌尖上的乡愁大灶保护和展示起来。

老姚憧憬着，有朝一日，民宿大婶在大灶上做小鱼贴饼子，屋外一群远方游客隔着玻璃，扎堆观赏鱼汤鼎沸、饼子飘香的炮制全过程，那鱼香与饼香齐飞、炊烟共青天一色的美好图景，定是妙不可言！

柴火灶改造前后对比

爬山虎的水晶屋

2 改造第二步：旮旯里的风花雪月

这个堆垃圾的角落在进门右手，不通风、不透气、不见光，一处藏污纳垢之所，感觉严重影响了这院子的美观程度。于是，咱把它全部拆除干净。

旧青砖上顽强地爬着一株爬墙草，老姚独怜幽草，又为这株绛珠仙草砌了一间小水晶屋。

春来，已经枯死的仙草重新焕发生机，郁郁葱葱起来。有了储存阳光的庇护所，今年冬天，想来草儿会常青不败吧。不知道来世，这株爬墙草会不会像《红楼梦》里那株仙草，倾一世泪来还老姚今世的悉心护佑。

玻璃小屋还有个活动小窗台，期待不久的将来，老街游客云集，云沧海姐姐可以在这小窗后面卖点鲜榨果汁。边卖边喝，怡然自乐也。

3 改造第三步：花开思绪满庭　风随沉香入梦

我喜欢沉香多年，听之古韵悠悠，思之余味绕梁，故以沉香命名青砖小屋。

进门是一幅娇艳婀娜的牡丹，国色天香似有点土味，想起李白那首著名的《名花倾国两相欢》诗中，有句：“解释春风无限恨，沉香亭北倚阑干。”无恨，唯有春风惬意，就命名沉香小屋吧。

周邦彦有词：“燎沉香，消溽暑，鸟雀呼晴，侵晓窥檐语。叶上初阳干宿雨，水面清圆，一一风荷举。”

想象一下，你在沉香迷离的氤氲中，听鸟鸣啁啾，看荷风吹衣。

想想已是醉了。

配合堂屋的牡丹清供图，云沧海姐姐捡来树根，手作一款：晚香如梦。莲花幽蓝若梦，佳人皎皎如月。是不是很应景啊？

春意扑面的沉香小屋

1
2 | 3

1. 沉香帘半卷
2. 陶然共忘机
3. 长歌吟松风

墙上绿意若翠微

4 改造第四步：却顾所来径　苍苍横翠微

翠微小屋的背景是青绿色，推开门，满墙绿意扑面而来，仿佛春天和青山都被藏在小屋里。

松石蓝的陶罐里插着干枝，是“缺月挂疏桐，拣尽寒枝”的意境。

卧室的架子床，紫红纱缦，有没有一点儿“梨花压海棠，红烛昏罗帐”的红尘绮梦？

这把古老的雕花椅，是好朋友刘益捐赠的。她和云沧海姐姐一样，是读武侠小说长大的，民宿里有几件老物件都是她的友情馈赠，所以，必须给她上张照，以资谢意。

窗台上怡然练功的小狗狗，坚持锻炼，幸福得像花儿一样。

翠微小屋的北厢房改成了舒适的大卫生间，舒适感可以想象。

沉香小屋和翠微小屋共拥一个精致的小院子，春日菜花明艳，夏夜清风拂槛。

小考拉守护红辣椒，小乌龟看着小香瓜……晚上，太阳能的小灯就会在小菜圃里灿亮起来。

菜花乱染客衣衫

庭院小圃的瓜果蔬菜，看起来不错，收成不高，却是纯绿色有机食品，想想就口舌生津。

人生，不过一箪一食、一瓢一浆而已，炊烟小圃，或许是最纯粹的老镇小园图鉴。

沉香悠悠入画，翠微苍苍满庭。

夕阳有诗情，小圃有绿意，又见炊烟升起。亲，你在哪里？

小圃的共享餐桌

隔窗观雪起炊烟

闲云小院

耕云种月的时光

行文至此，已是云沧海小院笔记之七，“七个小院的前世今生”的最后一篇图文。迟迟动笔，总有点儿不忍心搁笔的意思，似意犹未尽。

七篇图文整理的过程，也是这一年多光阴，在一个破败零落的村镇旮旯里，捯饬出一个俗世归隐小田园的过程。

而今的绿竹幽径、繁花满蹊，曾是衰草颓墙、断壁残灰。其间的风吹日晒雨淋霜冻，把一个手不提四两的文艺小女子云沧海，折腾成如今神力爆棚、满世界拖树根捡石块、满手粘胶的硬核女汉子。而湖风烈日灰土也把民宿的联合创始人、儒雅的海归大叔 Jack 黑化成一个比较邋遢的工友同志。

闲云小院是云沧海民宿的前台，这个共享的区域，包括一间前台接待小屋、一间阳光小屋、一间厨房和三间公共小餐厅，厨房东墙边还修葺、新建了一个沧海小亭。

前台的蔷薇已成打卡点

小院的荷塘月色

有趣的闲云小池

鸡冠花也可插瓶

院子地面有高低差，Jack 大叔给这个院子设计了一个循环的小水系，流水从亭子边的荷花鱼池流出，流过小院的回廊，穿过阳光小屋，沿着石板路又流回鱼池里。鱼池的水可以漫出一个水槽，为阳光小屋营造出一帘水幕。这迂回错落的小水系，把原址的高洼不平，改造成了曲水流觞。

在水一方有佳人

前台小屋由一间简易小危房改成，去年门口种下了一株爬藤月季，今年它已经绿荫荫地爬过门头。进门时很像进了一间乡村小酒吧。

去年，一个帅帅的男明星吴文璟在这里拍了一部浪漫的微电影，俊男美女暂避城里重压，在美丽乡村相爱，在闲云小院喝果酒啃大螃蟹谈恋爱，乐不思蜀！

彼时，庭前鸢尾花开，有如紫色梦幻。

一朵皎白荷花，在夏日清晨依依盛开。夕照隐去，白荷亦如仙女一样合上洁白的羽翼。一个小小庭院里，也自带荷塘和月色……

闲云小院是前台公共区域，这里已成了小有名气的自拍背景棚！云沧海姐姐与大名鼎鼎的歌唱家武赫在这里合影，晚上又一起在阳光小屋喝一小杯红酒，再漫步到湖边的荧光小道，对着耿耿星河和茫茫烟水高唱，唱罢我的太阳，又唱一条大河波浪宽。

大国工匠、徽雕非遗传承人、CCTV 纪录片《查嵘的徽州》主人公、国宝级雕刻大师查嵘先生，在阳光小屋拿着云沧海姐姐的原木手作爱不释手。

阳光小屋的摆件皆是木石手作，你是否在这些手作里，读出一丝丝禅意与静谧呢？

闲云小院前生，是一段岁月逝去的缩影。照旧是残瓦蛛网颓墙，荒烟蔓草昏鸦。月黑风高之夜，谁也不敢走入，只恐野径无人迹，怕有幽魂独往来。看看，没有对比就没有惊艳！

1 对比一：残垣变花园

曾经不忍直视的废墟残垣，变身而今曲水流觞的繁花小院。有没有听见仙女魔法棒的“比灵比灵”声响起？

闲云小院今昔

2 对比二：破瓦变花墙

衰草尘烟，花开青红盈树；污渍横流，如今焕发新颜。闲云小院已成小聚的网红打卡地。

今昔对比

女造前后对比

3 对比三：鸡窝变华堂

这间没有顶的破屋曾是天然的鸡窝，隔壁老王家的鸡们在此间怡然吃食、玩耍、生蛋。当时无意拍到了两个新鲜的原生态草鸡蛋，以后每一次有朋自远方来，我都指着盘子里的小野葱涨蛋说，喏，就是照片上这两只神蛋。

现在，这免费鸡棚变身为这间文艺小餐厅。

很多文艺青年就喜欢这长桌宴的调调，三五知己，七八好友，分列桌边，吃大灶绿色菜，尝小鱼贴饼，品“云沧海”定制红酒。

噫吁嚱！人生至此，夫复何求？

餐厅里有只大组合柜子，是几十年前的旧货，柜门上“齐心协力建设四化”的标语充满正能量。

改造前后对比

4 对比四：残墙变身洋厨房

这断壁残垣的破墙，现在是这间中西合璧的厨房，柴火大灶和集成灶加定制橱柜，既和谐共生，又相辅相成。

厨房汪大妈的小鱼贴发面饼，堪称江湖一绝。Jack 总想让大妈带着她的小鱼贴饼去申遗。曾有一位老领导站在灶台边半小时，等一块饼出锅，只为守候热腾腾香喷喷的烟雾里，那一块发面饼子中，蕴藏着的年少乡愁。

俗话中的锅门口，很多客人坐在小板凳上拗造型，只因记忆中相似的情节早已渐行渐远，本以为只待成追忆，却有这土灶，今我来思，柴火飞飞。

中西合璧的小厨

改造前后对比

5 对比五：垃圾堆上的梦幻水晶屋

经年的野草尘烟堆积成的垃圾堆，蜈蚣蛇鼠肆意爬行……想想都起疹子的感觉啊！

活儿干起来！清洁、整理、建造出一间魔法阳光小屋。

刷上天空和沧海的蔚蓝色，再装上明亮的玻璃墙，打造一间水晶屋。

现在，它是这样的……

在流水花香中聚个小会，讲讲 PPT，不亦乐乎……

小朋友在阳光小屋里外穿梭，开心地玩耍……

狗儿和小猫咪自在悠游，乐不思蜀。

晒太阳的陶瓷小猪猪，不知平生大梦谁先觉。

这个可爱的小院子已然成了公共小景点，各地慕名的游人纷至沓

民宿前台

来，纷纷自拍互拍。

云沧海的客人，都可以在前台小院吃吃早餐，品品茶，晒晒太阳，翻翻闲书。

凡云沧海民宿的住客，三餐可以预订。并非玉盘珍馐，而是民宿自己做的野味。小圃里新鲜可人的瓜果蔬菜，人间烟火，俯首可食。

得空，听一听那首名为《云沧海的小时光》的歌，让脚步慢下来，人生逆旅，不过是光阴里一次小小的流浪。

趁田园未芜，艳阳正好，给自己好好放一个假，小隐于大湖之滨。

在油菜花香里，洪泽湖烟外，轻舟斜阳岸，涛声缱绻中，细细品味，这一霎耕云种月的好时光。

你来，或者不来，

云沧海就在这里，

千帆过尽，闲看云起。

蝶恋花

第三章

面朝大湖 春暖花开

我把诗和远方
装进小院
把堤上花蜜酿成甜浆
每一个云起的日子
蘸着晚霞和湖烟　下酒
微醺的斜阳里　倚涛声
等你来
等花开

追忆似水流年

蒋坝老街民宿备忘录之源起

所谓回忆，其实只是一个角落，能够记录所有的“昔我往矣，杨柳依依”。

所谓乡愁，其实就是这个世界有小小一隅，能够存放你的青葱岁月里，有关成长的琐碎足印。

所谓流年，其实就是鬓角飞霜指间沙漏，你只能看着窗台那只小鸟，和你的青春一起，一去不回还。

每一个人，都想有一个漂流瓶，在时间的汪洋之中，偶然可以打开这个神奇的瓶子，往事开启，昔日重来。

期待某一天，我们能推开某一扇门，一跤跌坐在往事的青苔上，猝不及防。

蒋坝老街，貌似一个尘封的旮旯，以缄默等待，它宁静地守护着一段久远的乡愁。

当你穿越蔓草颓墙，仿佛推开一扇有魔法的门，跨进老旧的门槛，所有过往云烟，穿越流年，汹涌扑面。

有若，今我来思，雨雪霏霏。

蒋坝旧街一角

古旧的老街，斑驳的砖墙，倾颓的门窗，青石铺就的长径，青黄的藤蔓，葱茏的野草花，这些，是蒋坝老街给我的最初视觉映像。

年迈的老人们在宅前屋后的石径上晒太阳，打着瞌睡，或是有一搭没一搭地闲话。仿佛时间就该这么不紧不慢，岁月就这么不声不响地溜过去了。

从蒋坝老街的崎岖土堆边走到堤上，就是浓荫匝地的千年古堰。烟波浩渺的洪泽湖，长天寥廓，碧浪延绵，向晚，霞光万斛，云水泱泱。

澳籍华人 Jack Yao 是特色小镇规划专家，曾游学哈佛，研修“美丽乡村建设”课题。他在洪泽湖流域作规划调研时，发现了这条老街的沧桑之美，在这个即将拆除的旧街陋巷里做一个精致民宿的想

荒芜的蒋坝老街

法随之在他脑海里诞生。

我感叹，好有腔调的地方。

Jack 说，我想要的是真正有情怀、有质感的高端民宿，要保留原建筑的质朴之美，添加中西合璧的精致时尚元素。真正的乡村振兴，既要契合现代人的怀旧情结，还要具备舒适的体验感。

应 Jack 之邀，五一假期，两位国际知名设计师 James 和 Mark 远渡重洋，先后循声而至，他们惊叹：“上帝赐予如此美丽的地方，值得给出最美的设计。”

虽然，老外们的设计图纸与这片废墟不太搭调，最终并未在第一期采用，但他们都被老房子拙朴的原生态风貌所深深吸引。

谨以文字和图片，记录老街民宿诞生之前，这些流年的碎片和岁月的印记。

期望着这些面朝大湖、在水一方的小院子，能经过我们的彩笔描画，华丽化身为一个情怀和品质兼备的优质民宿。

期待早日呈现出情怀作品，以及值得拭目以待的美好。

云沧海

有朋自远方来

古人诗云，寓居无不在天涯。山长水阔，旅行是个有钱、有闲、有情怀的差事。身体要倍儿棒，还得银两书童马匹随从俱备，装备从行囊细软到脚丫牙齿周全，才堪周游列国。

而今，天高路不远，地球成了一个大村子。旅行大多成了例行公事，从自己呆腻的地方，去别人呆腻的地方转悠。上车睡觉，到达景点比个剪刀手拍照，煞是无聊。

我觉得，云沧海民宿，当属例外……

她不是景点，却静立于苏北大湖一隅，美丽如一个东方梦幻田园；生于村野，却清丽雅致如一个豆蔻年华的唐诗女孩；懒于争艳，却似古街陋巷里一缕清晨的阳光，清新和煦，流光溢彩。

来此，可以阳光下发呆，湖烟里沉醉，轻舟中踏歌，星光小道夜游。

来此，可以在遇见小巷，转角遇见爱；在蔷薇架下，

闲看白云来去

赏花吃茶；在渔歌声里，眺望归人；在油菜花里，畅想丰收。

来此，可以小酌中庭，三杯两盏淡酒；可以一壶清茶对月，不问晚来风急。

来此，在柴火灶前，可以品尝小鱼贴饼子；春日可以食青韭配青螺，蒜泥小龙虾；秋日可以品鉴金桂酿米酒，清蒸大闸蟹。

可以观湖忆涛声依旧，听雨看绿肥红瘦；可以春日里桃花泛行舟，秋来看无语水东流；可以傍晚看水田飞白鹭，清早听鸡鸣桑树巅。

这样的云沧海民宿，妩媚百变的小清新，宛如一坛难掩醇香的美酒，自带流量，呼唤着远方的朋友，纷至沓来。

民宿改造始于 2017 年炎夏，在酷暑的大太阳炙烤下，欧洲的小朋友们游兴不减，一批一批赶来参观民宿改造过程。中国苏北的原生态乡村风情，深深吸引了他们的眼球。

Jack 大叔用流利的英语告诉来自大洋彼岸的年轻人，这些年随

繁花满径今非昨

着中国城市的日益发达，年轻人大都去城市里寻求发展，而这里是江苏北部落后的废弃农村宅院。在中国的乡村振兴浪潮中，农村将一步步地在复兴改造中重新焕发生机。

Jack 说，等他们以后再来时，这里一定会给出一份全新的惊喜。青年们纷纷相约，在来年的跨国学习交流活动中，会再来这里，欣赏值得期待的洪泽湖畔民宿。

知名规划设计师 Mark 是德澳混血，多次来民宿出谋划策，他喜欢在静荷小院虚心求教如何冲泡中国工夫茶，请云沧海姐姐客串茶艺老师。

BAU 设计公司的董事长、国际知名规划设计大师 James，在这条老街的废墟中寻找创作灵感。Jack 用英语向他讲述这条老街的历史和中国的乡村振兴战略，希望 James 能把他的国际设计元素融汇到美丽乡村建设中，为这片土地的美好未来添上一笔。

欧洲大胡子设计师 Michael，在各个小院里拍拍拍，赞叹说，我看到了真正风靡全世界的中国风。晚上他喜欢在云沧海的吧台，倒上一杯红酒，打开手机伴奏，自吟自唱。

来自奥地利的年轻帅哥设计师，应 Jack 之邀，来实地考察调研，并给小院提出了很多国际化的建议。

很多人以为老姚是一个单纯的民宿建设者，却不知道他十年磨一剑。十年，只专注于一件事。为此他曾游学哈佛，主修“美丽乡村建设”课题。

听说每个中年人心中，都藏着一个田园梦，而有着一颗纯正中国心的澳籍华人老姚，历经蹉跎岁月之后，把他的故土田园梦，在洪泽湖畔付诸实践，百折不回。

老姚走过废墟，走向这片拆迁状态的废弃民居，走向他心中构想的那个乡村民宿。

一年以后，这片废墟建成了一个四季花开的小小伊甸——云沧海民宿，而老姚的满头黑发渐成了斑斑白发。

这个民宿，只是在规划美丽乡村的道路上，一个小小的展示窗口。同时，也告诉人们，其实，我们远离的乡村，可以建设成这么美好的作品。我们渐行渐远的家园，原来可以这么宜人宜居，令人流连。

在这个小小民宿之后，诗酒年华国际养老公寓、云沧海水田农场等一系列倾注了云沧海团队心血和智慧的项目，正在他们用心的画笔中酝酿，他们想在洪泽湖畔这方水土上，描绘出一张张更美妙的乡村蓝图。

中西合璧的云沧海民宿落成，吸引了世界各地的华人来此。这一

花丛中的彩绘墙

隅小小方寸天地，湖岸田园，砖墙瓦屋，野草闲花，袅袅炊烟，唤起了多少远行游子的乡愁啊！

小时候，乡愁是一枚小小的邮票。长大后，乡愁是一组小小的，名叫云沧海的民宿。

云呈祥瑞，水济沧海，她在美丽的蒋坝古镇一隅，如一株雅静的荷花，吸引着、召唤着，有朋自远方来，自天涯来……

海纳百川，有容乃大。云沧海，一间小小民宿，期待着海一样的广袤情怀。

期待着，更多的国际元素融入这古老乡村，汇聚起繁荣振兴的美妙和声。

希冀云沧海民宿，成为乡村振兴的小小音符。乘长风，破万里浪，直挂云帆，济沧海！

沧海小亭

不信春风唤不回

听蒋坝老街的老人们说，从前古镇繁华时，老街入口有一个城墙一样的牌坊，有城楼，可以立在城头，看秋水长天，落霞归帆。

街北头还有一个魁星阁，供奉先贤孔子像，凡家有考生，必来此焚香祈祷金榜题名。

后来，这些古镇的记忆都毁于日军的大轰炸。老人们谈起，每每感伤，无限唏嘘。

老姚说，虽已不能在原址修复，但可以在老街北头，重修一个小亭，给老人们纳凉小聚，平日闲坐喝茶，下棋唠嗑。也为古镇找回一点曾经的美好记忆，善莫大焉。

我点头如捣蒜，表示非常同意。

于是把厨房北边一壁颓墙和一个脏乱旮旯清理干净，砌了一个一米多的高台。用古旧的老条石砌了台阶。

原来，似这般断壁残垣……

撸起袖子嚯呀嗨，忽如一夜春风来……

蓝天映衬下的沧海小亭

小亭繁花笑春风

亭子是木结构的，顶上覆盖烟灰色的瓦片。左右两边可以做长椅，供游人驻足小憩。南北的穿堂风吹过，煞是凉爽。因民宿名云沧海，所以，小亭暂名为“沧海小亭”。

不得不说的是，这小小的凉亭，其精美背景砖雕得大国工匠查嵘大师友情赐宝，在这平凡的古镇老街一隅，散发出独特的艺术魅力，光芒熠熠。“云沧海”三个泥金大字既是民宿的名字，也是我的笔名。忽然觉得自己会随着这民宿，随着这大国工匠美轮美奂的砖雕而流芳百世，一瞬间忘乎所以，抑制不住的笔名自豪感！

亭子三面镂空，两边悬挂的是查大师雕刻的两大块老木雕，纹理上渗透出岁月积淀的古老色泽。雕像是孔子设坛授课的画面，众学生的表情皆栩栩如生。

查嵘大师，是徽州三雕（石雕、木雕、砖雕）非遗传承人，国宾礼大师，他的作品作为国礼，已被 30 余个国家的领导人收藏。他也是中央电视台 40 分钟大型纪录片《查嵘的徽州》主人公，多次被《中国记录》《徽商》等知名杂志选为封面人物。

查嵘大师是我和合作人老姚在不同时期、不同地点认识的共同好友。大师也应我们之邀，多次来到民宿小作盘桓，悉心指导并鼎力相助。

小亭日落红霞飞

所以，云沧海的小亭子能有幸得大师出手。

所谓善缘，即是如此吧。

小亭和阳光小屋隔着一个流动的小水系，孩子们寻常来此玩闹戏耍，喜欢和阳光小屋的茶客对着池中流水小荷隔空聊天，往来互动，或自得其乐，童趣盎然。

亭子里摆放了一套石雕桌椅，上刻象棋盘，常有老人午后在此下棋消遣。寻常周末，游人喜欢在此小憩。春日赏亭边桃杏绽放吐蕊；

夏日享三面绿意凉风习习；初秋尝篱外柿子清甜润心；冬日，小坐于此，石桌小酌，看瑞雪纷纷，回想一年好光景。沧海小亭，已然成了街坊小聚之所。

2020 年 6 月，世界华人协会黎远副主席带队来此，在小小的沧海亭中，举办了一场别开生面的汉服拜师礼。

云沧海姐姐受邀主持，Jack 大叔做见证官。博士带弟子遥拜往圣孔子，诵先贤诤言，行汉服大礼，弟子们敬呈拜师帖。

亭子上梁的那天，我和老姚都在外地出差，老街的老人们自带鞭炮和香烛，自发举行了上梁仪式。我们看了传来的小视频，感动异常。

重建亭子的发心，是想为镇上的老人们提供一个小憩休闲之所。

至此，得偿所愿。

古堰莺飞桃李，春风又绿湖堤。古老的湖边小镇在乡村振兴的春风里，慢慢地从沉睡中苏醒，慢慢地从沉寂中寻找回归之路。

蒋坝老街的云沧海民宿，有如老树上的新绿枝丫，被春风唤醒了经年的沉睡，全新绽放吐蕊，在晴翠绿意中，焕发盎然生机。

Jack 大叔说，中国人的灵魂在乡村。他以行者的全球视角，在心里谋划着一个乡村振兴的“水田农场”可复制小模板。

云沧海民宿的南边，毗邻一个废弃多年的老酱油厂，据说从前这里出产的虾籽酱油味道鲜美无比，非常畅销。他说，等此地按新的规划落成之后，会专门在原址上做一个传统的手工酱油坊，恢复老街的传统酱醋工艺，让所有游客都在古法炮制的美味中，闻香而至，停车下马。

沧海小亭的拜师礼

这是后话了，今日，可以在云沧海小亭，静坐冥想。

尘世繁华已久，何如小村醉卧？从来大隐者，皆是不羁人。

你来，或去，沧海小亭，安此一隅，静静等你。

等你来此小坐，小酌，闲话桑麻，共赏烟霞，小时光里，小小沉醉。

让青春的风儿

吹醒乡野之梦

她，毕业于韩国中央大学，高薪外企白领，传说中的白富美，有才华有颜值，可盐可甜的那种。在南京有房有车，有高收入，无忧无虑，岁月静好。

她“任性”地辞去高管工作，驾着她的奔驰越野，来到蒋坝乡下，洪泽湖畔的云沧海民宿，放下行囊，做起了民宿小管家。

她说，第一次开车来洪泽湖畔，住在云沧海民宿，瞬间就爱上了这里。感觉有点儿像微缩版的丽江和大理，还多了很多的菜园子和野草花。离南京家里的车程是 90 分钟，那一刻，觉得这里就是家门口的诗和远方。

从此每一季花开都来此，和喜欢的人一起，看大湖云水。看晚霞如锦是必须的，拍美美的文艺照是必须的，吃柴火大灶小鱼贴饼是必须的，下午磨一杯手冲咖啡是必须的。睡前泡一盏熟普，看看闲书，每一天都感觉意犹未尽。

管理者小琳

游客小琳

2021 年 5 月，她做了一个惊人的决定，往公司人事递交了辞呈，韩企的 HR 再三挽留，可她的心已经飞往那个水波如海、云绕斜阳的洪泽湖岸边，飞向那几个花开如梦、炊烟袅袅的小院子。

她拖着行李箱入驻小小的云沧海民宿，开始了一个新新农民的职业生涯。她叫张琳，民宿的员工叫她小张总，老镇的老人们现在都亲切地唤她小琳子。

喂养流浪猫也是工作日常

她第一天就进入角色，短视频拍起来，网站图片更新，套餐更新换代，忙起来还要帮助洒扫、研究菜式、端茶倒水、侍弄花花草草……她笑着说，原来民宿生活不仅是诗和远方，还有眼前的鸡零狗碎。没关系啊！咱是无敌小能手，在民宿一个多月，就能洒扫庭除，耕地种花，烧得大柴灶，贴得面饼，做得西餐。她说，陶渊明诗，田园将芜胡不归？是这境界吗？

门口就是大湖，和他共赏霞光

问张琳为什么会来这里，她说，是应民宿创始人云沧海和 Jack 之邀。他们都是在外逐梦多年，又回归乡村。所以，她跟着他们的步伐，加入了云沧海团队。

她喜欢云沧海民宿，不仅是这七个蜂飞蝶舞的小院子，还有这美丽的乡村田园；不仅是大湖边诗情画意的居所，还有这日渐热闹的村镇。不仅是为了乡村安逸闲适，更希望这里能早日振兴繁盛；不仅是这个性化的一角点缀，更是更高品位、更高水准的美丽乡村的建设。

小琳更希望，国外留学的经历和外企的管理经验，既能给云沧海这个乡村民宿的品牌植入更多的时尚青春元素，又能建立出一系列民宿标准化的服务和管理体系，让这样美好的小院子可以复制到更多的乡野村镇。

让乡野的风儿，吹醒青春梦想

“相信我们的努力，能让田园生活更美好；相信未来的乡村，是所有人都愿意留下的地方。”小琳如是说。

念念不忘，必有回响。她来到云沧海之后，民宿的服务质量和产品品质得以迅速提升。好吧，今天，云沧海发起邀请。邀约小伙伴们，有空，来蒋坝云沧海民宿，一杯茶，一晚湖畔田园梦，让时光慢下来；在长堤边，老街巷，一个叫云沧海的民宿，听涛声低诉，望悬湖秋月，赏烟霞如梦，看陌上花开。

愿小琳姑娘的脚步，能在乡间奔跑起来，让乡村的脚步也奔跑起来。愿更多像小琳一样高学历、高素质、有情怀的年轻人，汇入乡村振兴的队伍，让青春的风儿，吹醒乡野的梦，吹开春天所有美丽的花朵。

歌声里的
小小流浪

2018 年首届农民丰收节，CCTV 农业频道播出了洪泽湖边的丰收节庆典。《云沧海的小时光》也随庆典首播。

这是云沧海民宿的第一首歌，仿佛民宿日常的舒缓节奏，平和的喜悦，欢快的宁静，淡然的深情。

那是我们梦中的一隅，田园未曾荒芜，梦想依然无恙。

悠悠的旋律，仿佛，慢悠悠的岁月里，一次小小的时光旅行……

《云沧海的小时光》

词：云沧海

曲：尹子

月季满墙，一路芬芳

油菜花，染醉了小窗

竹里潇湘，静荷沉香

明月照亮了诗和远方

兰亭风起，禅心梵唱
来时的路翠微苍苍
云绕斜阳，长堤踏浪
洪泽湖，轻轻地荡漾

云沧海，是一个很小的地方
一杯茶，就慢下了，慢下了时光
云沧海，是一次小小的流浪
水映霞光，渔歌晚唱
所有的梦，依然无恙

云沧海，是一个很小的地方
一杯茶，就忘记了，忘记了沧桑
云沧海，是一次小小的流浪
田园正好，风清月朗
此心安处，就是家乡

这首歌的词作者，就是我，云沧海。MV 里的相片大多是我在四季拍摄记录的瞬间。歌词把民宿小院的名字都嵌了进去。

曲作者尹子是我多年好友，必须得隆重介绍，淮安籍音乐人，脍炙人口的红歌《我的中国我爱你》曲作者。疫情期间有一首唱遍全国

的歌——《苍穹之下》，也是尹子的作品。

四季的云沧海，有四季的风情，春日新绿如茵，夏深星空灿亮，秋日金黄绚丽，冬夜雪意静谧。

我还写了一首组歌《云沧海的小田园》，尹子正在作曲中。

月季满墙，一路芬芳

在云沧海的小时光里，让我们一起倾听……云朵的脚步，花开的声音，波浪的共鸣，星星的私语。

湖烟里的
花花小世界

人间四月，蔷薇花开。

隐于洪泽湖东隅的云沧海民宿，花丛鼎沸，以静默的方式喧嚣于乡野，嫣粉绛红，明黄浅紫，梦幻般摇曳于门前，轻舞在巷口，轻笑于庭前。

青砖小径上仿佛漫洒着天然的香氛，闭目，仿佛某位凌波的仙子，从小园里衣袂飘飘花气袭人地拾级而至。

疫情非常时刻，暂时天涯梦远。静卧小村，躬耕田畴，锄草种花，似乎是梦想生活中开启的新模式。

心无俗韵，细嗅蔷薇，江湖夜雨，浑不沾身。

满架蔷薇盈盈依依又熙熙攘攘，云沧海俨然一个花花小世界。

小院里，日暖风柔，蜂飞蝶绕。

长堤外，红尘紫陌，十里花开。

一院月，相思寸寸柔肠；一架花，美梦沁了芬芳。

一炷香，往事与谁吟唱；一杯茶，浑然忘却时光。

黄花更比霞光灿

绿肥红也煊

隔墙花影动

蜂鸟爱上鸡冠花

蝶恋三角梅

桃花爱共菜花开

我愿，微醺在云沧海的花花小世界。三餐粗茶淡饭，闲来拙笔涂鸦，不闻山海茫茫，不问前尘过往。

只需，吃了睡，睡了吃，没心没肺，无物无我，无智无得，大声歌吟，开心傻乐。

小轩绿意绕窗棂，
闲云卧波晓烟轻。
倚枕一笑江湖梦，
把盏蔷薇花下行。

爱拍蔷薇的游人

春日，桃花开后，梨花吐蕊，菜花如海，豆花满畦。

夏初，蔷薇盈架，荷花满池，绣球团团，凤仙夹道。

秋暮，向日葵如炬，三角梅如火，金桂香远，采菊东篱。

寒冬，小院蜡梅绽开，馨香若梦，雪舞长堤。

浮云苍狗，世间破事，在云沧海的花香里，似也没那么重要了。

清风十里，谁伫立明月楼头，正拈花，一笑。

一隅花事

满湖春水

一方小院，琴韵书香，月照轩窗；花影茶烟，诗酒田园。

一个小庭院，是中国文人安放心灵的奢侈之境。

云沧海的七个小院子，若湖烟外的七个梦，隐逸超脱，高洁出尘。让我等俗人，于筚路蓝缕中，也有了一个精神栖居之所。

少无适俗韵，性本爱丘山。可惜，尘网恢恢。红尘中挣扎吃喝拉撒是无法逃避的现实，入凡尘赚五斗米养家，也是必需的生存常态。

往往，世事不尽如人意，也不能每天洋洋洒洒地效颦李白兄那样披头散发弄扁舟去吧？恰好，也只能，偶尔躲进小院，躲进自己的方寸江湖，成一个不管冬夏春秋的小小一统。

寻常，斜阳小院，清茶半盏，菜花儿黄，豆花儿香。堤上春风暖垂杨，春水新生不满塘。

寻常，蔷薇半庭嫣粉，明月一院芬芳。一片花瓣落入

花间一笑忘春秋

发间，扰了一帘清幽，不知梦落谁边。

寻常，松荫长歌，竹里弹琴。半壶小酒，浅醉微醺，不问世事浮云，懒管秦汉魏晋。

寻常，在花影里嗑嗑瓜子，剥些咸花生，听听小曲儿，绣一屏鹤影，涂一幅写意，模仿丰子恺，效颦黄永玉，美丑工拙，何足道哉。

寻常，扫扫花吃吃茶，有时也磨两勺豆子，煮一杯咖啡，不加糖，苦苦的温情余味。

又寻常，走过老石板桥的足音，留下霜一样皎白的足印。

看，那是我，带着月色，荷锄而归，回到我的小院。

大湖洪波汤汤，浮光跃金。而我的眺望，隔着满湖秋水，半世尘烟。

浮光跃金洪泽湖

鱼戏莲间

向阳而生

春盈小窗

春日渐远，春意可期，小园一霎惊梦，花开几度荼蘼。

云沧海的小角落，水如沧海，云绕夕阳。翻几页闲书，诌几句歪诗。读书泼茶，洒扫庭柯。醉时卧于小院阶前，醒来笑谈风花雪月。朝夕静好，韶华不负。

一垛砖墙，一圈篱笆，就可造一个院子，圈起一个栖心的寓居。闲看风月，慵观溪山，懒理蝇营狗苟，管它寒暑春秋。

兴起时，我可以把小栏杆拍遍，提起拖把蘸水也能在庭院中勾描一笔大草；意兴阑珊时，慵吟一句："世路如今已惯，此心到处悠然。"不去管西风隔墙凋碧树，更无须为谁望尽天涯路。

世事一场大梦，惟愿赏此一隅花事；

人生几度秋凉，闲来惯看满湖春水。

隔离的日子

愿你有家可宅　喂马劈柴

庚子新年，新冠病毒全世界肆虐，生活忽然停摆。

我惊呼，我活了半辈子没遇过世界停摆。我妈说：额娘活了 80 岁，也没遭遇过。宅了数月，连超市都不容易去，每两天一家人方可派个代表出小区采买。除了手机，感觉世界突然被某种异能给凝固了。猝不及防的人们开始想方设法去超市囤米囤油囤榨菜泡面，超市的货架一时卖空，朋友圈更看到很多旅人开车流浪在途中……彼时突然觉得，有家可宅，且在乡下，是多么幸福的一件事。

而咱家，吃的还是云沧海民宿田里种的翠生生的嫩青菜，民宿汪大妈腌制的嘎嘣脆的糖醋萝卜干和豆瓣酱，还有年前灌的一点点香肠、跑地鸡下的绿皮草鸡蛋。有时候，煮上一大锅子咸肉菜饭，一揭锅盖，香气随风能弥漫半条小街。

如果，只是如果，要继续宅上一个月、三个月、半年？有何美食果腹？那我肯定宅在云沧海民宿啊！继续三

黑灰配诗成禅画

前台小景

餐吃田里自己种的当季果蔬，米仓里囤着自己收的稻米和手工磨的面粉，还够一家人吃大半年，甚至更久。

彼时的我，应该正在乡下，在田野中的小农庄，假装不知山重水复。村里的每一家，原本都在隔离的安全距离之外，皆鸡犬相闻，亦隔田守望相助。非常时期，见你安好，我即晴天，无事亦无须串门往来寒暄。

早晨，我可以在自家稻田的绿意中做健身操，摘菜薅草，用蓝牙小音箱听听小曲儿。早餐是莲子桂花粥就糖醋萝卜干，还有发面的小萝卜丝饼。吃饱了，就在屋前的小院中，摆上一个露天的大长桌，铺上桌布茶席，仪式感满满，沏一壶好看又养生的花草茶。在清冽新鲜的空气里，打开笔记本，安排一下近期的工作。或者写点文字，记录一下田园生活。

随手拍皆是美图

午餐的食材是从园中得来。清炒槐树花、糖醋藕片、青菜杂烩，煮饭时的炊烟飘来童年的稻米香。午间小睡一会儿吧，小轩窗，闲梦半晌。

下午的一壶普洱茶必不可少，搭配着小厨房烘焙的芝麻绿豆糕。暖暖地晒着太阳，一边工作，一边闲翻翻朋友圈、瞎刷刷短视频；有时小雨，看门前流水落花飞，看檐下微雨燕归来。

傍晚，大灶台贴一整锅小鱼贴发面饼子，芡实莲子菱角粥，若是有你陪，就小酌红酒半杯。

生活有个补给仓，真好！不用担心超市货源紧张，不用担心对面的路人甲是否从疫区经过，不用担心隔离幽居后心理抑郁失常。

在乡野里，有一间小院，小小仓廪中，有些富余的柴米油盐，心

丰收小菜园

陌上花又开

闲来撸闲猫

闲云小院的寻常岁月

流连戏蝶时时舞

热闹的朝天椒

里头满满的安全感。我所描述的这些美好小场景，并不遥远。近在云沧海民宿，就可以轻易实现。在每一个正在振兴和即将振兴的乡村里，都很容易实现。

老姚又深研两年，做了一个云沧海“水田农场”的详尽规划，希望能在中国乡村振兴的大潮中，做出一个可供复制的模板。期待着他能把这个梦想田园的规划早日变成现实版。而这次生活按下暂停键之前，我一直构想着的水田农场的图景，至此，跃然脑海。

你呢？有没有因为这次隔离，突然觉得，在乡村里有一隅自己的小小田园，是一件多么幸运又幸福的事。可能，它的建设花费只相当于北上广深的一个卫生间，但，它是你心灵的一座小小避难所，是你承载情怀的富春山居，是完全属于你的小小伊甸。

清晨，苔痕上阶绿，草色入帘青；

当午，开荒南墙根，守拙弄园田；

夜晚，柴门闻犬吠，小酌忘尘烟。

天暖和时，庭前和月亮碰个杯；良夜，野坐苔生席，高眠竹挂衣，无妨。

疫情之后，我邀请音乐家尹子和歌手张雪来民宿拍摄 MV，导演谷剑一下子被民宿的温度击中，下决心要拍一部《云沧海》同名电视剧。话说几位来自不同城市的主人公，因为种种际遇，来到云沧海民宿度假，相遇相识互相碰撞，于是有些人在小镇落地生根，投入乡村振兴的建设浪潮，有些人回到城市，将乡村的绿色产品和民俗旅游推广到外面的世界……

小小剧透一下，如果你被云沧海姐姐这个小梦想微醺到了，贵在

参与，来寻个女八号男十二号演演吧。让我们一起期待这部乡村剧集早日杀青！

待阴霾散去，与我一起缓缓归，去乡村，在云沧海民宿小住小酌，小小盘桓。相携在乡村，打造一个属于自己的小小家园。

我们一起，面朝大湖，春暖花开。

并无意周游世界，只陪你喂马劈柴……

青藤记录安静的时光

西红柿的

爱情童话

周末，一个鸟鸣花更幽的美好清晨，小伙伴们，来听云沧海姐姐讲个很想讲却也不咋好笑的田园爱情故事吧……

很久很久以前，在烟波浩渺的洪泽湖边上，有一个叫云沧海的小王国，这里有一个有魔法的小菜园子。那些西红柿、茄子、空心菜、小黄瓜、小香瓜、小葫芦、小尖椒，因为生长在有灵性的土壤里，每天沐浴着润物细无声的湖烟和霞光，很多都长成了有颜值、有思想、有灵魂的蔬菜。

小朋友们看到了吗？静荷小院的“有疤”西红柿家族，生长出一群有头有脸、有鼻子有眼、有喜怒哀乐、有故事的小柿子。有两个名字叫“西西公主”和“西门吹雪”……（无图无真相，图文详见“云沧海的小时光”公众号）

我默默笑一会儿先！

有表情的小西红柿

云沧海的小田园，温情旖旎，每天都有动人的童话上演。

萤火虫点着灯，垄亩之间的温情，随风潜入夜，当春乃发生。

云沧海的菜地儿童文学似乎有些无厘头了吧？不过，以无聊之事，遣有涯之生耳，所谓寻常人生，不就是如此吗？

娃娃们都喜欢和大人一起来云沧海民宿小住。浩瀚的大湖，美丽的小村，原生态的田间地头，可以看花玩水捉小虫，可以大笑疯跑追猫狗，还可以自己动手，到小菜园里摘新鲜蔬菜吃。

也许，你会偶遇有故事的西红柿、葫芦娃、黄瓜头、无敌小辣椒、空心菜，说不定，还有传说中的香瓜弟弟、玉米老爷、茄子王哦！

云沧海民宿之美，在于灵动鲜活，在于妙趣横生，在于童心不泯，在于闲适清新。

孔子曰：何陋之有！

静听松风起

第四章

笨手拙工 偶得之

大自然　是最美的艺术家
我是最笨的学徒
只能为鬼斧神工惊叹
然后　用笨拙的手
锯树根　磨石头
捡拾晚风和月色
炮制小小的
田园梦

一草一木蕴禅心

云沧海木作小记

今日晴好，云沧海姐姐特别想讲一个故事，在很久很久以前，有一个小村庄……这是一个好听的故事，你懂的。

故事里有一条千年的老街，依傍在一湾悠长的石堤边，守望着浩瀚的大湖。晴夜，枕平湖清梦，赏花月春潮；风起，看日星隐曜，听浊浪排空。

花香里的云沧海民宿，小隐于千年老街北首。笑对浮云苍狗，不问沧海桑田。

今天先不絮叨这组改造后的小建筑，如何清新出尘。从它面世，即是摄影师们云集之所，乡野之美出天然，已无须多余修图。

迁客骚人的事儿，咱整不太明白，但这里，的确是个能催生各种灵感的好地方。现在聊聊业余手工匠人那些事儿。

比如云沧海，一个四体不够勤、动手能力差的懒家

破树根变形记

伙，某一天，她从湖边捡回一根枯树枝，插在炊烟小圃的泡茶坛子里，顿感文艺范秒升。

从那一天开始，洪泽湖畔多了一名长发飘飘的捡破烂发烧友。她勤劳勇敢、孜孜求索的身影常常独自徘徊，在大湖边、荒草地，在明月夜、短松冈，在大灶后、柴火堆……时见幽人独往来，捡尽寒枝往回拖。

闲话不表，有关云沧海姐姐捡的枯木残桩，搭配淘来的紫砂、陶瓷、树脂等各种材质的小玩偶，做成的手作摆件小集，先睹为快！希望这些案例能成为各位小伙伴在民宿设计过程中，变废为宝、变渣为器的不典型粗糙模板。

1	2
	3
4	5

1. 红裳
2. 声声慢
3. 晚香
4. 望帝春心托杜鹃
5. 游园惊梦

1. 照见五蕴皆空
2. 采芝习禅。这是我在五台山得的一株灵芝，嵌了宝石，以芝为屏，静祈福临
3. 五台山的一株六道木桩。六道木是五台山特有的树种，传说是释迦牟尼从天竺带到五台山的，所以我把这个作品命名为——六道花开
4. 如是我闻

一棵千佛树
祈福众神
菩提下观想
幸福的国度

空谷天籁，高山流水

守静笃

云沧海的小品偶露峥嵘，惹得很多大咖艺术家们也爱不释手，求赠求购求一起加工。

忙忙碌碌年余时光，零零碎碎炮制了一大堆东西。这些个小玩意儿，如今有些散放在洪泽湖畔蒋坝古镇、时光静好的云沧海民宿里面；也有一大部分品相稍佳的，被一些星级酒店和会所、度假村有偿收藏了；还有些耐看有趣的，遭遇一群“动手能力极强”的强悍小伙伴自作主张地横刀夺爱，散落在天涯了。

红尘依旧喧嚣，琐碎如此纷扰，亲，偶尔感觉累吗？想放空一下心境吗？

不如约起，某个周末，或者雨天，带上你的荷包，带上你的干粮，和云沧海姐姐一起，来一堂天马行空、轻松惬意的手工课，自带配件，自捡树杈，自己动手，炮制巨作。

我们一起拿起刀锯，满手糨糊，共享一场手工艺的乡野盛宴。

嗯，就这么愉快地决定了！

只愿君心似我心

桃之夭夭，灼灼其华

观自在

认取抱琴人住处，水浅山浓

世事皆浮云，静作壁上观

青山不语，佛法无边

花间一壶酒，独酌无相亲

顽石竟是多情物

原创手作之【石来运转】

也许是为了节约民宿装饰的费用，不知自何日始，我由一名业余作者成了一名玩票的设计师。自捡朽木碎石搭制小花园起，俨然一名石匠、木匠兼手工小作坊主。从第一票捡废品炮制了静荷小院的角落花园开始，云沧海的园艺改造大幕便拉开了。从此一发不可收，我在 DIY 的道路上摸瞎前行，渐行渐远渐无穷，拙品不断如春水。

从第一罐强力胶缘起，我捡枯枝而成木系手作“一草一木蕴禅心”系列。低调嘚瑟的主题二云沧海破石头系列之“石来运转”也于近日大功告成。虽难登大雅，亦小雅怡情。重要的是彼时，在全神贯注做手工的光阴里，宠辱皆忘、波澜不惊的心境。

这些石头，一部分是从盱眙怡亨酒庄所在的天龙山谷里捡来的；一部分是洪泽湖水位降低的时候，从湖边捡的；还有远行路途中随手拾的，远至科罗拉多大峡谷，塔克拉玛干大沙漠，布达拉宫墙外，瑞士小镇湖边……近的

DIY 工作中

就地取材，在民宿的鹅卵石堆里攫取，配上云沧海姐姐淘来的各种小配件饰物。小玩意儿，不求闻达于行家里手，别有意趣在心头。

云卷云舒，潮声有信。我深信，拥有云沧海“石来运转”系列，就可能拥有时光的厚待。

纸上得来终觉浅。

亲，赶紧地、麻溜儿地，去大湖畔，去石堤上，去土堆边，跟着那个踽踽独行的背影，一起捡破烂去！

然后加上你自己那份独具的匠心，在刀劈斧砍、锥钻砂磨、锯刨抛光等杂七杂八的随心所欲的迷之操作流程后，你的作品就将横空出世。

当然，炮制的东西按世俗的标准，暂时还称不上作品，但可置于案

琵琶弦上说相思

所谓伊人，在水一方

如歌的行板

诗三百，思无邪

侠客行

业余补石匠

头上自娱。我可以肯定的是，五百年后出土，这绝对算得上是古董。

每一块未经雕琢的石头都是大自然的馈赠，蕴含着独有的纹理和色彩。卖水的说自己是大自然的搬运工，我就姑且自称是石子们的涂胶工吧！

文末，祝愿幸福的我们都能有个小院，晒晒太阳，翻翻闲书，看看大湖，睡得像猪，就是那石头上的两个呆萌小猪猪。

喜欢云沧海姐姐这组拙作吗？那一起来 DIY 吧！

那么，云沧海民宿是不是一个能够激发创作灵感的所在？在大湖之畔，杨柳烟中，归棹声里，微风岸边，云沧海民宿，手工课，约起！

1
2 | 3

1. 滚滚长江东逝水
2. 浮生半日闲
3. 石来福至

统　　筹：王佳慧
责任编辑：唐永建
责任印制：冯冬青
封面设计：中文天地

图书在版编目（CIP）数据

繁华不远，乡愁很近 / 云沧海著 . -- 北京 : 中国旅游出版社，2022.8
（中国民宿生活美学）
ISBN 978-7-5032-7004-8

Ⅰ. ①繁…　Ⅱ. ①云…　Ⅲ. ①散文集－中国－当代
Ⅳ. ① I267

中国版本图书馆 CIP 数据核字（2022）第 138326 号

书　　名：繁华不远，乡愁很近

作　　者：云沧海　著
出版发行：中国旅游出版社
（北京静安东里 6 号　邮编：100028）
http://www.cttp.net.cn　E-mail: cttp@mct.gov.cn
营销中心电话：010-57377108，010-57377109
读者服务部电话：010-57377151
排　　版：北京中文天地文化艺术有限公司
印　　刷：北京金吉士印刷有限责任公司
版　　次：2022 年 8 月第 1 版　2022 年 8 月第 1 次印刷
开　　本：889 毫米 ×1194 毫米　1/32
印　　张：7.5
字　　数：100 千
定　　价：88.00 元
I S B N　978-7-5032-7004-8